NOTES HISTORIQUES SUR LE MZAB

GUERARA

DEPUIS SA FONDATION

PAR

A. DE C. MOTYLINSKI

INTERPRÈTE MILITAIRE AU MZAB

ALGER

ADOLPHE JOURDAN, LIBRAIRE-ÉDITEUR

IMPRIMEUR-LIBRAIRE DE L'ACADÉMIE

1885

NOTES HISTORIQUES SUR LE MZAB

~~~

GUERARA

DEPUIS SA FONDATION

NOTES HISTORIQUES SUR LE MZAB

GUERARA

DEPUIS SA FONDATION

PAR

A. DE C. MOTYLINSKI

INTERPRÈTE MILITAIRE AU MZAB

ALGER

ADOLPHE JOURDAN, LIBRAIRE-ÉDITEUR

IMPRIMEUR-LIBRAIRE DE L'ACADÉMIE

1885

GUERARA

DEPUIS SA FONDATION (1)

Fondation de Guerara

Avant la fondation de Guerara, il existait, près de l'emplacement qu'occupe actuellement cette ville, un ksar du nom d'El-Mabartekh (2), créé depuis une époque que l'on ne peut déterminer. Ce ksar avait été bâti par des Oulad-Nouh, de Berriane (3) ; des gens de Beni-

---

(1) Cette notice historique est la traduction d'une relation, rédigée, quelque temps après l'annexion du Mzab, par Si Mohammed ben Chetioui ben Slimane, des Cheurfa de Guerara.

Elle est certainement imparfaite, et parfois même inexacte. Néanmoins, elle a paru digne d'être traduite et complétée par quelques notes, parce que l'auteur a su dégager, de la masse des faits secondaires, les évènements principaux et les classer avec une certaine méthode, remonter à l'origine des çoffs, expliquer les causes des luttes successives qui ont ensanglanté Guerara et retracer, en quelques pages assez animées, la vie si troublée de ce ksar.

C'est à l'initiative de M. le lieutenant Massoutier, chef du bureau arabe de Ghardaïa, qu'est due la rédaction de ce document.

(2) L'emplacement de l'ancien ksar d'El-Mabartekh est encore indiqué par une hauteur (ragouba), sise au milieu de l'oasis actuelle de Guerara et appelée Ragoubet-el-Mabartekh.

(3) A l'époque où les Oulad-Bakha fondèrent Guerara, Berriane n'existait pas encore. Ce ksar ne fut créé qu'en 1090 de l'Hégire (1679) par deux fractions de Ghardaïa, les Afafra et les Oulad-Nouh, assistées de quelques Medabih.

Isguen, des Oulad-Saiah, des Saïd-Oulad-Amor, des Draïs, quelques Oulad-Attache et autres Arabes de toute origine, auxquels s'était mêlé un petit nombre d'Oulad-Bakha.

Guerara ne fut fondée qu'en l'an 1040 de l'Hégire (1631), par les Oulad-Bakha, qui habitaient auparavant Ghardaïa et Melika (1).

Avant de venir dans l'Oued-Mzab, les Oulad-Bakha et les Oulad-Nouh, appartenant à la secte abadite (2), habitaient Laghouat.

---

(1) Les Oulad-Bakha sont fils de Bakht ben Yakoub ben Mohammed ben Ahmed ben Abad ben Moussa ben Slimane ben Abd Allah ben Hellal ben Abd Allah ben Affar ben Amor ben Djabeur ben Bou Riah ben Abd Allah ben Ahmed ben Chareuf ben Yahia ben Ahmed ben Adris ben Abd Allah ben Mohammed ben El-Hassen ben Fatma, fille du Prophète.

(2) Les Beni-Mzab appartiennent à la secte ouahbite abadite, non reconnue parmi les quatre sectes dites orthodoxes. Contrairement à l'usage reçu, j'écris Abadite au lieu d'Ibadite.

On lit dans le *Djouaher-el-Mountakat* (les Perles choisies), du cheikh Abou El-Kacem ben Brahim El-Berradi, qui vivait au IXe siècle de l'Hégire : « Le nom de la secte des gens de la Vérité est tiré d'Abd » Allah ben Abad. Nous nous appelons *Abadia*, avec le *hamza* sur-» monté d'un *fatha* (son a). »

L'autorité de ce texte est indiscutable : la prononciation *abad* y est indiquée d'une façon précise et formelle, par un auteur appartenant à la secte et connu autant par sa science que par son attachement scrupuleux aux traditions. Elle est confirmée par ce fait que tous les Mozabites, lettrés ou non, prononcent Abad et Abadia.

Les Beni-Mzab sont, en Algérie, les derniers représentants de la doctrine abadite, adoptée dès les premiers siècles de l'Hégire par la plupart des tribus berbères de la Tripolitaine, du Fezzan, du Djerid tunisien, de l'Oued-Souf, de l'Oued-Righ, d'Ouargla et de tout le Sahara algérien.

En Tunisie, la secte compte encore de nombreux fidèles, dans l'île de Djerba. Mais le noyau abadite le plus considérable de l'Afrique Septentrionale, se trouve aujourd'hui dans la Tripolitaine, au Djebel-Nefous. On se rendra compte de l'importance de ce groupe qui a su conserver ses croyances dans un pays soumis à une autorité orthodoxe souvent intolérante, en jetant un coup d'œil sur le tableau ci-après. Il contient l'énumération des centres du Djebel-Nefous, avec l'indication approximative du nombre de familles abadites qui les habitent.

Les Beni-Laghouat, malékites, comme ils le sont encore aujourd'hui, ayant chassé ces deux fractions de

---

Le Djebel-Nefous est divisé en trois *moudiriats :* Ifren, Lalout et Fossato.

Les centres du moudiriat d'Ifren, sont :

Dans le territoire d'Ifren :

Ksar El-Outi..............	Habité par les Turcs.
Ksar El-Fouki.............	Id.
Blad El-Turk.............	Id.
Guelaa..................	700 familles, toutes abadites.
Tamezraït...............	150 id. id.
Tar'emma................	210 familles abadites, 10 orthodoxes.
El-Ksir.................	80 familles, toutes abadites.
Bekhabekha..............	110 id. id.
Chegarnia...............	200 id. id.
Taguerboucet............	100 id. id.
Oum-el-Djorsane.........	6 familles abadites, 200 orthodoxes.
Guesbet-bou-Sag.........	35 familles, toutes abadites.

Guerbat, comprenant trois ksour :

Ksar El-Maniine........ ⎫
Ksar El-Goradiine....... ⎬ 180 familles, toutes abadites.
Ksar El-Mechouchiine... ⎭

Dans le territoire de l'Oued-Ilerzaz :

Messaïs.................	Habité par des orthodoxes.
Oulad-Atia..............	Id.
Guesbat................	Id.
El-Guettar..............	Id.

Dans le territoire de l'Oued-Roumia :

Oulad-Aouafia...........	Habité par des orthodoxes.
Oulad-Djellal...........	Id.
Oulad-Diab.............	Id.
Oulad-Atia.............	Id.
Blad El-Abid...........	Id.
Ksar El-Brahma........	Id.
Zeurgane..............	Id.

Dans le territoire de Khelaïfia :

Oulad-Douib............	Habité par des orthodoxes.
El-Ouadi...............	Id.

Dans le territoire de Riaïna :

Ksar Oulad-Ali.........	Habité par des orthodoxes.
El-Aïn.................	Id.

leur ville, les Oulad-Bakha vinrent chercher asile à Ghardaïa ; les Oulad-Nouh allèrent habiter Beni-Isguen.

Oulad-Abd-el-Aziz	Habité par des orthodoxes.
Oulad-Riane	Id.
El-Aguiba	Id.
Oulad-Hassine	ld.
El-Fouadeur	Id.

Les centres du moudiriat de Fossato, sont :

Dans le territoire de Fossato :

Djadou, siège du commande^{nt}	600 familles, toutes abadites.			
Termiça	50	id.	id.	
Talat-Noumiral	80	id.	id.	
Ouchegari.................	45	id.	id.	
Tamouguet................	15	id.	id.	
Djenaoun	150	id.	id.	
Mezzou...................	150	id.	id.	
Djemari	230	id.	id.	
Indebas..................	25	id.	id.	
Mezr'oura (2 villages)......	90	id.	id.	
Ouifat	90	id.	id.	
Regreg...................	60	id.	id.	
Tamezda.................	280	familles abadites,	10 orthodoxes.	
Iner.....................	30	id.	30	id
Djeïtal.................. .	35	id.	35	id.

Dans le territoire de Rehibat :

El-Kherba	Habité par des orthodoxes, 5 familles abadites seulement.
El-Guenafid.............	Habité par des orthodoxes.
Selamat................. .	Id.
Oulad-bou-Djedid	70 familles, toutes abadites.
Guesbet-el-Guetour......	10 id. id.
Guetros	60 familles abadites, 60 orthodoxes.
Neziref	35 id. 35 id.
El-Guetoua..............	35 id. 35 id.

Dans le territoire de Zentane :

El-Gouacem.............	Habité par des orthodoxes
Oulad-Khelifa	Id.
El-Brahma..............	Id.
Oulad-Diab	Id.
Oulad-bel-Houl.........	Id.

Dans le territoire de Rodjebane :

El-Brahma.............	Habité par des orthodoxes.

Les gens de Ghardaïa firent bon accueil aux Oulad-
Bakha, les installèrent chez eux pour le mieux et leur

Tirekt.......	Habité par des orthodoxes.
Zaafrana...................	Id.
Charen	Id.
El-R'olt..,,...............	Id.
Zentout...................	Id.
Taïredïa	Id.
Oulad-Atia	Id.

Les centres du moudiriat de Lalout, sont :

Dans le territoire d'El-Haouamed :

Lalout, siège du commande^{nt} 1600 familles, toutes abadites.		
Ouazzen...................	240 id.	id.
Oulad-Mahmoud...........	100 familles abadites, 70 orthodoxes.	
Medjebara	Habité par des orthodoxes.	
Tirekt	Id.	
El-Kherba ,,............,,.,,	Id.	

Dans le territoire d'El-Haraba :

Djeridjen .,.....,..,,...,,	90 familles, toutes abadites.			
Oum-Soufar...............	10	id.	id.	
Tamelouchaït...•.........	15	id.	id.	
Tendemira ·...............	80	id.	id.	
Tamezine	220	id.	id.	
Forsaṭaï ,.,,,,.,.....,....	150	id.	id.	
Kabao..................	200	id.	id.	
Tinzert . .,.............,,.,	25 familles abadites,		25 orthodoxes.	
Beggal..,,.............,,.,:	20	id.	60	id.
Beguiguila..............,,,...	35	id.	35	id.
Zarara..................,.,,	Habité par des orthodoxes.			

Soit, au total, près de 7,000 familles appartenant à la secte abadite.

Ces renseignements qui, sous le rapport des chiffres, peuvent ne
pas être d'une exactitude absolue, ont été fournis par un taleb des
Nefouça, fixé à Ghardaïa, et contrôlés auprès d'autres tolba de Lalout
et de Fossato, de passage au Mzab. Outre l'intérêt qu'ils présentent,
au point de vue géographique, ils pourront être utiles aux orienta-
listes algériens qui entreprendront l'étude ou la traduction des chroniques abadites : en effet, les textes manuscrits des *Tabakat*, des *Siar*
du cheikh Ahmed, du *Djouaher-el-Mountakat* et autres ouvrages historiques, particuliers à la secte, contiennent, presque à chaque page,
des noms de localités du Djebel-Nefous. Ces noms, transcrits par des
copistes étrangers au pays, deviennent souvent méconnaissables. Il

donnèrent le quart de la ville. Cette fraction a encore, de nos jours, un délégué chargé de représenter ses intérêts dans la djemâa de Ghardaïa (1).

Les Oulad-Bakha restèrent un certain nombre d'années à Ghardaïa. A la suite d'une rixe qui survint entre eux et les gens de la ville, on leur rappela leur origine étrangère (2) et on leur reprocha d'être des intrus, qui, chassés de Laghouat, devaient s'estimer heureux d'avoir trouvé, à Ghardaïa, un accueil bienveillant.

Sensibles à cet affront, les Oulad-Bakha se réunirent en secret pour délibérer sur le parti à prendre.

Un homme influent de la fraction prit la parole et dit : « Écoutez-moi, mes frères : je vais vous donner un conseil dont vous tirerez profit, si vous êtes des hommes de cœur. » — « Que faut-il faire ? demandèrent tous les Oulad-Bakha. » — « Il importe d'abord de cacher soigneusement vos projets aux gens de Ghardaïa. Vous formerez ensuite une vaste association et vous irez travailler ensemble dans le Tell (3). Lorsque vous aurez

---

sera possible, en consultant la liste ci-dessus, de reconstituer leur véritable orthographe.

(1) La fraction des Oulad-Bakha, restée à Ghardaïa, compte 35 familles.

(2) Les Mozabites font encore une distinction entre les fractions qui ont pris part, à l'origine, à la fondation de leurs villes et celles qui se sont jointes, par la suite, aux premiers habitants. Les premières s'appellent *açils*, les autres *nazils*. A Ghardaïa, chaque fraction fondatrice a un cimetière qui lui est particulièrement réservé. Les nazils de cette ville enterrent leurs morts dans un cimetière à part, consacré à Ammi Saïd ben Ali, personnage célèbre, originaire de Djerba, qui vint se fixer à Ghardaïa vers la fin du Xᵉ siècle de l'Hégire.

(3) L'instinct commercial qui est un trait caractéristique de leur race a, de tous temps, poussé les Berbères à chercher, en dehors des centres qu'ils habitaient, un théâtre à leur rude activité.

On trouve, à chaque page, trace de cette prédisposition dans les chroniques que les Berbères abadites des premiers siècles de l'Hégire ont laissé à leurs frères et que ceux-ci se sont pieusement transmis, de génération en génération : on y prêche beaucoup le détachement des choses de ce monde ; mais on y voit les cheikhs les plus connus

amassé de l'argent en quantité suffisante, vous reviendrez et vous fonderez une ville pour vous seuls, comme l'ont fait anciennement vos frères des Oulad-Nouh, créateurs d'El-Mabartekh. »

Cet avis reçut l'approbation unanime.

Trois jours après, quarante hommes des Oulad-Bakha, bien pourvus de vivres et de chaussures, quittaient Ghardaïa se dirigeant vers Alger.

Pendant plusieurs années, ils travaillèrent en commun dans cette ville. Lorsqu'ils eurent gagné beaucoup d'argent, ils achetèrent des armes et des provisions et repartirent pour le Mzab.

---

par leur savoir et leur piété ne pas dédaigner de se livrer au commerce et faire l'éloge de ceux qui acquièrent des richesses par le négoce.

Aux beaux temps de la Ouargla abadite, la crainte des persécutions religieuses fermait aux tribus berbères, qui habitaient cette oasis, la route du Nord. Mais le Soudan offrait une vaste carrière aux voyageurs assez hardis pour pénétrer dans ces mystérieuses contrées.

Un cheikh, célèbre par son caractère aventureux, son esprit militent et ses ouvrages de controverse religieuse, Abou Yakoub Youcef ben Brahim ben Mennad, d'origine sedratienne et habitant Ouargla, pénétrait, au VI° siècle de l'Hégire, dans le Soudan, pour en ramener des esclaves et en rapporter de la poudre d'or.

On trouve dans une *Kacida* remarquable, dont il est l'auteur, ces vers caractéristiques :

« Que Dieu ajoute encore à la prospérité d'Ouardjelane (Ouargla).
» C'est le paradis du monde, la porte ouverte vers la Mecque et la
» mine de poudre d'or de R'ana. »

« Il n'est pas de générosité possible dans ce monde pour celui qui
» a peu de fortune, et il n'est de réelle fortune que celle obtenue par
» le négoce. »

« Laissons les ignorants se glorifier des biens qu'ils ont acquis
» en pillant partout ; ils sont semblables aux viles esclaves qui, en
» un jour de fête, se parent d'un reste de vêtements et de bijoux,
» dédaigné par leurs maîtresses. »

« Les richesses légitimes ne seront jamais acquises que par l'homme
» intrépide qui franchit les espaces s'étendant vers R'ana et ne craint
» ni les déserts sans route, ni les fatigues, ni le soleil, ni les ténébreux
» ouragans de sable. »

« Par l'homme qui dédaigne une molle couche, fuit le contact

Après plusieurs jours de marche, ils arrivèrent à la tête de l'Oued-Zegrir, en un point du Sahara encore connu sous le nom d'El-Achache (1).

Ils passèrent la nuit à manger et à boire, tout joyeux à la pensée de revoir bientôt leurs familles.

L'un d'eux, nommé Hammou Tobbal (2), qu'ils consi-

» alanguissant des femmes aux longs voiles, et sait braver les évé-
» nements, d'où qu'ils viennent, alors même qu'ils le pénétreraient
» douloureusement, comme les pointes acérées des poignards. »

Les Mozabites ont conservé cette activité de race et cet amour des richesses honnêtement acquises.

Longtemps avant l'occupation française, ils se répandaient déjà dans les villes du Tell algérien et de la Tunisie, où leur esprit d'ordre et d'économie, leur probité proverbiale et leurs aptitudes naturelles leur assuraient presque le monopole du commerce.

La conquête a favorisé le mouvement d'émigration temporaire des Mozabites vers le Nord, en leur donnant la sécurité qui leur faisait souvent défaut.

Leur qualité de musulmans en dehors des quatre sectes reconnues, les exposait, en effet, à de fréquentes vexations. Les Arabes du Sahara rançonnaient impitoyablement leurs caravanes ; ceux des villes levaient sur eux des impôts onéreux et arbitraires et ne manquaient aucune occasion de leur rappeler qu'à leurs yeux, ils n'étaient que des *Kharedjia*, voués, au même titre que les Chrétiens et les Juifs, à toutes les flammes de l'enfer.

Les livres de *Locat* ou « Recueils de décisions et d'épîtres des cheikhs vénérés du Mzab, » contiennent plusieurs lettres, adressées aux deys d'Alger, aux beys de Tunis ou aux bachas de Tripoli, dans lesquelles les Mozabites, par l'organe de leurs directeurs religieux, essaient de réagir contre cette tendance, en exposant en détail les articles de foi qui forment la base de leurs croyances et en cherchant à prouver qu'ils sont aussi bons musulmans que les sectateurs de Malek ou d'Abou Hanifa.

(1) Ce point est situé entre la daïa de Tilr'emt et la daïa Diba, où l'on rencontre la tête de l'Oued-Zegrir et celle de l'Oued-Neça.

(2) Les noms les plus communs chez les Mozabites sont : Ahmed, Mohammed, *Aïoub, Slimane,* Salah, *Moussa, Nouh, Brahim,* Bafou ou *Youcef,* Kacem ou Kaci, *Yagoub, Zakaria, Daoud,* Aïssa, Hammou, *Yahia,* Bakha, *Younès,* Boukeur, Bouhoun, Bakir, Hammani, Aoumeur, Baba, Daddi, Addoun.

Les femmes s'appellent le plus souvent Faffa, Nanna, Mamma, Lalla, Chacha, Bia, Bekhil, Setti, Betti, Menna et Hanna.

déraient comme leur chef et consultaient en toute occasion, leur demanda tout à coup : « Que comptez-vous faire maintenant ? »

— « Rentrer au plus tôt dans nos familles, répondirent-ils. »

Tobbal est un surnom qui signifie joueur de tambour. La fréquente similitude des noms a amené les Mozabites à se distinguer entre eux par des surnoms qui deviennent, presque toujours, de véritables noms patronymiques. Ces surnoms, arabes ou berbères, sont tirés de particularités qui s'appliquent quelquefois à la personne qui les porte, ou remontent le plus souvent à un de ses ancêtres. On trouve, à Ghardaïa, des familles entières dont les noms sont suivis des surnoms curieux, énumérés ci-après : Kaabouche (boulette composée de dattes pilées, de farine et de beurre) ; Barbara (petite jarre à ventre rebondi) ; Mesbah (lampe) ; Sedd El-Kedim (vieux barrage) ; Kantara Djedida (pont neuf) ; Akerbouche (grosse datte ronde) ; Guelmouna (capuchon) ; Karanbila (tromblon) ; Guellaa Drous (arracheur de dents) ; Terfas (truffe saharienne) ; El-Miet (le mort) ; Kraoua (courge vidée) ; Soussem (tais-toi) ; Tamourt Igguen (un seul terrain) ; Bajou (silos) ; Kerkache (galette) ; Tadeler't (petite fève).

On a pu remarquer que les noms les plus répandus au Mzab étaient d'origine hébraïque. Il ne faut rien conclure de ce fait dont l'explication est fort simple.

Les Abadites, stricts observateurs du Koran et de la Sonna, classent de la façon suivante, par ordre de préférence, les noms que doivent porter tous les vrais croyants : 1º le nom du Prophète ; 2º les noms des prophètes et des hommes vertueux cités dans le Koran ; 3º les noms des compagnons du Prophète ; 4º les noms des docteurs célèbres de la secte. Le nom préféré à tous est donc celui de Mohammed. Après lui, viennent ceux des prophètes cités dans la Sourate VI, versets 83 et suivants : « Tels sont les arguments que nous fournissons à Abra» ham (Ibrahim) contre son peuple. Nous lui avons donné Isaac » (Ishak) et Jacob (Yakoub) et nous les avons dirigés tous deux. Anté» rieurement, nous avions dirigé Noé (Nouh). Parmi les descendants » d'Abraham, nous avons dirigé aussi David (Daoud) et Salomon » (Slimane) et Job (Aïoub) et Joseph (Youcef) et Moïse (Moussa) et » Aaron (Haroun). C'est ainsi que nous récompensons ceux qui font » le bien. Zacharie (Zakaria), Jean (Yahia), Jésus (Aïssa) et Elie » (Elias), tous ils étaient justes. Ismaël (Smaïl), Elisée (El-Isaa), » Jonas (Younès) et Loth (Lout), nous les avons élevés au-dessus de » tous les humains. » Il n'y a donc pas lieu de s'étonner de voir les noms des personnages vertueux de la Bible portés par la grande majorité des Mozabites.

Hammou Tobbal éclata de rire.

— « Quoi ! dit-il, songeriez-vous à revenir à Ghardaïa, où vous avez reçu un affront inoubliable ? Cette ville vous est défendue ; vous ne devez y reparaître qu'après avoir fait acte d'hommes et avoir fondé un ksar qui sera vôtre. »

— « Que convient-il donc de faire ? lui demandèrent-ils. »

— « Suivons cette vallée jusqu'aux environs d'El-Mabartekh et bâtissons une ville près de ce ksar. »

— « Comment pourrions-nous faire ce que tu dis ? répliquèrent-ils ; nous ne sommes que quarante et nous nous trouvons en plein Sahara, loin de nos gens et privés de toute assistance. »

— « Qu'à cela ne tienne, dit Hammou Tobbal ; notre argent ne vaut-il pas des hommes ? Réunissons quatre mille dinars ; nous les enverrons à Ben Djellab, à Touggourt, en lui faisant savoir que nous avons besoin de son concours pour fonder une ville et en l'invitant à se rendre près d'El-Mabartekh. »

Cet avis ayant reçu l'approbation générale, les Oulad-Bakha choisirent, parmi eux, deux délégués chargés d'aller exposer leurs projets à Ben Djellab et de lui assigner rendez-vous, à un jour fixé, près d'El-Mabartekh.

Les envoyés partis, leurs compagnons quittèrent El-Achache, se dirigeant, à petites journées, vers El-Mabartekh, afin de laisser à Ben Djellab le temps d'arriver.

Ils atteignirent enfin le point où s'élevait ce ksar. Ben Djellab, à la tête de trois cents cavaliers, s'y trouvait depuis la veille.

Les Oulad-Bakha placèrent leur camp sur une hauteur appelée Koudiet-el-Agareb (1) et demandèrent à Ben Djellab d'investir El-Mabartekh jusqu'à ce qu'ils se fussent suffisamment fortifiés. Ben Djellab mit le siège devant le ksar.

(1) La colline des Scorpions.

Pendant ce temps, les Oulad-Bakha élevaient, rapidement sur le Koudiet-el-Agareb, l'enceinte de leur ville
qu'ils nommèrent Guerara (1).

Pendant quarante jours, ils travaillèrent sans relâche.
Ils creusèrent, à flanc de coteau, un puits encore connu
de nos jours sous le nom de Ben-Aïlef, et le rattachè-
rent à l'enceinte par un chemin fortifié.

Leur sécurité étant ainsi assurée, ils envoyèrent chercher leurs femmes et leurs enfants à Ghardaïa et les
installèrent provisoirement dans une maison construite
à cet effet.

Puis, ils laissèrent Ben Djellab retourner à Touggourt
et continuèrent à fortifier leur ville et à élever des habitations.

Quand Ben Djellab fut parti, les gens d'El-Mabartekh
purent sortir librement ; ils constatèrent qu'une forte
enceinte avait été élevée sur le Koudiet-el-Agareb.

Comme ils s'approchaient du rempart, les Oulad-Bakha
leur crièrent : « La terre de Dieu est vaste. Elle peut nous
contenir tous. »

— « Comment prétendez-vous peupler un endroit où
nous vous avons précédés depuis nombre d'années ?
répondirent-ils. C'est la guerre que nous voulons. »

Les Oulad-Bakha répliquèrent par une décharge de
leurs armes qui mit en fuite les gens d'El-Mabartekh.
Ceux-ci, rentrés dans leur ksar, délibérèrent sur le parti
à prendre en cette occasion. Leurs Arabes étant tous
dans le Sahara et la ville ne comptant qu'un petit nombre de défenseurs, ils résolurent de garder l'expec-
tative.

Le lendemain matin, les Oulad-Bakha sortirent de leur
nouvelle ville. Pendant que les uns investissaient El-
Mabartekh, les autres travaillaient activement à planter

---

(1) Les Arabes du Sud appellent *guerara* une dépression de terrain
d'une certaine étendue où les eaux de pluie s'amassent et séjournent.
Ce mot a le même sens que *daïa*.

des *hachanes* (1) et autres arbres fruitiers, à creuser des puits et à construire des maisons.

La fraction des Oulad-Sidi-Abd-Allah étant revenue peu après du Sahara pour passer l'été à l'ombre des palmiers d'El-Mabartekh, les gens de ce ksar la choisirent comme intermédiaire pour demander la paix aux Oulad-Bakha.

Une trêve de trois ans fut décidée.

Les Oulad-Bakha, reconnaissants envers les Oulad-Sidi-Abd-Allah, les admirent à peupler avec eux la nouvelle ville.

Digression sur les Cheurfa

Les Oulad-Sidi-Abd-Allah formaient, à cette époque, une fraction très forte qui l'emportait sur toutes les zaouïas du Sahara. Ils pouvaient mettre en ligne trois cents cavaliers. Ils dirent aux Oulad-Bakha : « Travaillez sans crainte ; nous sommes désormais des vôtres : nous vous apporterons, du Zab, des grains et des hachanes, et nous serons toujours à votre disposition. Si vous voulez que votre ville soit forte et n'ait rien à redouter des attaques de l'extérieur, nous vous amènerons ceux des Cheurfa, nos frères, qui vivent encore dans le Sahara. »

Les Cheurfa habitaient d'abord la ville de Fez.

---

(1) Les puits de Guerara ont une profondeur moyenne de 25 mètres. L'eau en est généralement bonne.

Le rejeton du palmier s'appelle *fecila*, tant qu'il reste au pied de l'arbre qui l'a produit. Dès qu'il est transplanté, il prend le nom de *hachana* ; plus tard, quand il produit et quand un âne chargé peut passer sous les branches sans les effleurer, il devient *djebbara*.

Un homme d'origine juive, nommé Bou Afia (1), s'étant emparé du pouvoir, s'acharna après les Cheurfa et en tua un grand nombre. Chassés par la persécution, ils quittèrent Fez et vinrent mener la vie nomade dans le Sahara.

Leurs migrations les ayant amenés dans l'Oued-Zegrir et dans l'Oued-Neça, ils résolurent de s'établir dans ces vallées.

L'hiver, ils camperaient dans la partie inférieure de l'Oued-Neça où ils trouveraient abri contre le froid ; l'été, ils remonteraient à la tête de la vallée ou dans la partie supérieure de l'Oued-Zegrir.

Les Cheurfa se divisaient en trois fractions :

Les Oulad-Aïssa,
Les Oulad-Brahim,
Les Oulad-Smaïl,
ayant toutes une commune origine.

Pendant longtemps, ils vécurent dans la région qu'ils avaient choisie pour leurs parcours. Un certain nombre d'entre eux allèrent fonder El-Ateuf (2).

---

(1) Il s'agit probablement d'un des membres de la dynastie des Oulad-bou-Afia, dont on trouve l'histoire dans El-Bekri et Ibn Khaldoun.

(2) Le ksar d'El-Ateuf est situé sur la rive droite de l'Oued-Mzab, à cinq kilomètres en aval de Bou-Noura et à huit kilomètres de Ghardaïa.

La tradition attribue, en effet, à un chérif moatazilite, Slimane ben Abd-el-Djebbar, la fondation d'un des petits ksour qui se trouvaient plus bas qu'El-Ateuf, près du barrage actuel. Ce ksar portait le nom berbère d'*Aghrem Intalazadit* ou le nom arabe de *ksar Soufa*.

D'autres ksour, dont les noms sont encore connus, s'échelonnaient en amont, le long de l'Oued-Mzab, jusqu'à la hauteur de Melika. Ils étaient habités par des populations zenatiennes, qu'Ibn Khaldoun appelle *Beni-Moçab* et qui sont désignées, dans les chroniques abadites, sous le nom de *Beni-Meçaab*.

Les habitants moatazilites de l'Oued-Mzab commencèrent à être convertis à la doctrine abadite par le célèbre Abou Abd-Allah Mohammed ben Békeur Es-Saïh, mort en 440 de l'Hégire. Ce cheikh vénéré, chef spirituel reconnu par la majorité des abadites de l'Oued-Righ,

Lorsque Dieu voulut qu'ils quittassent ce pays pour une contrée plus fertile, le Djerid, il suscita contre eux des oppresseurs qui leur enlevèrent leurs troupeaux et leur tuèrent leurs hommes. Ils virent reparaître les mauvais jours de la persécution et vécurent dans une crainte incessante.

L'événement qui détermina leur départ est le suivant :

Les Oulad-R'iats et Zengouh-el-Aoueur, originaires des tribus des Larbaa (1), arrivèrent un jour chez un homme des Cheurfa, installé, avec trois tentes, dans l'Oued-Neça inférieur, en un point appelé Sidi-Feredj et lui demandèrent l'hospitalité.

Le chérif leur fit bon accueil, les fit asseoir dans sa tente et sortit pour aller choisir, dans son troupeau, un mouton qu'il devait égorger et leur offrir en difa. Sa femme, occupée à rouler le taam, resta dans la tente.

Les Larbaa, grands amateurs de chasse, avaient avec eux un équipage de faucons qu'ils portaient sur leur tête. Pendant l'absence du chérif, ils lâchèrent ces oi-

---

dut quitter Adjelou, sa résidence, à la suite de désordres qui se produisirent dans ce pays et vint se fixer, pendant une année, à Ifren, non l'Ifren du Djebel-Nefous, mais celui de l'Oued-Mia. C'est de là qu'il vint, à plusieurs reprises, prêcher la doctrine ouahbite aux Beni-Meçaab.

Autour du premier noyau de convertis, vinrent se grouper, par la suite, des abadites des ksour d'Ouargla, de l'Oued-Righ, des Nefouça et de Djerba, chassés de leurs centres par la persécution religieuse ou les luttes intestines.

Actuellement, on ne compte plus à El-Ateuf que treize familles de Cheurfa, appartenant aux trois fractions des Oulad-Smaïl, Oulad-Brahim et Oulad-Aïssa. Ils ont conservé, jusqu'à nos jours, le monopole des carrières de plâtre de Tilemçacine, sur le plateau de Noumerat, qu'ils ont exploitées les premiers.

Les Cheurfa de Fez, comptent encore de nombreux représentants à Metlili.

(1) Zengouh-el-Aoueur est le père de la fraction des Zenagha, comprise dans la tribu des Oulad-Salah. Les Oulad-R'iats formaient anciennement une fraction très forte. Ils sont actuellement réunis à la tribu des Hadjadj.

seaux de proie qui s'abattirent sur un jeune enfant et lui fouillèrent, à coups de bec, le cœur et les entrailles.

La mère, demandant à Dieu la résignation, assistait, impassible, à ce spectacle.

Le chérif rentra bientôt, apportant le mouton ; il l'égorgea et offrit à ses hôtes une somptueuse difa.

Sa femme ne lui apprit la mort de l'enfant que lorsque les Larbaa, leur repas terminé, furent repartis sur leurs chevaux. Il voulait se lancer à leur poursuite ; mais la femme le retint en lui disant: « Cela ne rendra pas la vie à ton enfant. Il ne nous reste qu'un parti à prendre : C'est de quitter un pays où règnent la force injuste et le mépris du droit. »

Lorsque les Cheurfa apprirent l'événement, ils se rassemblèrent et décidèrent de partir pour le Djerid. Ils allèrent s'installer à Nefta.

Quelques-uns d'entre eux restèrent à El-Ateuf, où ils sont encore. D'autres se joignirent aux Oulad-Sidi-Abd-Allah. Ce sont ceux-là qui, sous la direction de leur chef, Si Abd-Allah ben Ahmed El-Arif, prirent part, avec les Oulad-Bakha, à la création de Guerara.

Abd-Allah eut un fils, Amor, qui laissa Slimane. Ce dernier engendra Chetioui qui laissa Slimane, père de Chetioui, encore vivant. Moi, rédacteur du présent, je suis Mohammed, fils de Chetioui, fils de Slimane, fils de Chetioui, fils de Slimane, fils d'Amor, fils d'Abd-Allah ben Ahmed El-Arif, demeurant à Guerara.

Les Oulad-Bakha vinrent donc trouver Abd-Allah ben Ahmed El-Arif et l'engagèrent à prendre part à l'édification de la nouvelle ville.

Il s'y refusa d'abord, mais les Oulad-Bakha ayant insisté, il consentit à se joindre à eux.

On lui donna un quarante-sixième des terres du ksar et de l'oasis. Abd-Allah accepta, sous la réserve des conditions ci-après : les Oulad-Bakha ne chercheraient pas à le convertir aux croyances abadites, ni lui ni ses

descendants. Ils le traiteraient avec justice et ne pren-
draient aucune décision importante sans qu'il fût présent et consulté.

De leur côté, les Oulad-Bakha demandèrent aux Oulad-
Sidi-Abd-Allah de ne jamais faire cause commune avec
leurs ennemis de l'extérieur, de ne pas chercher à faire
des adeptes pour la secte malékite, d'obéir à tous les
ordres donnés par eux, quand ils concerneraient le bien
et non lorsqu'ils devaient avoir pour effet le mal et le
désordre.

Cette convention fut consacrée par un acte écrit (1).

Outre les Oulad-Abd-Allah, deux chefs de famille des
Mr'azi prirent part à la création de la ville.

Il n'y a donc parmi les Arabes que les Cheurfa et les
Mr'azi (2) qui aient concouru, avec les Oulad-Bakha, à la
fondation de Guerara (3).

---

(1) Cet acte indique également, comme date de la fondation de
Guerara, l'an 1040 de l'hégire.

(2) Les Mr'azi parcouraient la partie inférieure de l'Oued-Zegrir
et de l'Oued-Neça longtemps avant la fondation de Guerara. Ils
quittèrent définitivement ces régions dans la seconde moitié du
XVIIᵉ siècle, et allèrent fonder le ksar d'El-Assafia, sur l'Oued-Mzi,
à 9 kilomètres en aval de Laghouat. Il est probable qu'ils ont été,
avec les Oulad-Saiah et les Zenakhera, les fondateurs et les habitants
du ksar El-Ahmar, dont les traces encore visibles, à l'ouest de Guerara, ont été prises, par quelques voyageurs, pour des ruines
romaines.

(3) Le récit de la fondation de Guerara, tel qu'il est fait par l'auteur,
a besoin d'être complété et rectifié. On ne s'explique pas bien, en
effet, comment les Oulad-Bakha furent amenés à créer leur ville dans
un endroit déjà peuplé, alors qu'il leur eût été facile de choisir pour
s'établir tout autre emplacement libre. On verra, par les détails
complémentaires suivants, que les Oulad-Bakha se dirigèrent vers
El-Mabartekh, parce qu'ils avaient déjà habité ce ksar :

Vers la fin du XVIᵉ siècle, les Oulad-Bakha, les Afafra et les Oulad-
Nouh, sans cesse en lutte avec les autres fractions de Ghardaïa,
furent expulsés de cette ville. Ils allèrent se réfugier à Laghouat,
où on leur donna asile pendant cinq ou six ans. Au bout de ce temps,
les Beni-Laghouat, fatigués de leurs intrigues et de leur turbulence,
leur intimèrent l'ordre de quitter leur ksar. Comme ils n'étaient pas
en forces pour résister, ils obéirent et prirent la route du sud. Les

Luttes entre les Oulad-Bakha et les gens d'El-Mabartekh

A l'expiration du délai de trois ans, fixé pour le maintien de la paix, les Oulad-Bakha avaient déjà réussi, par

---

Beni-Laghouat, ayant à venger de nombreux griefs, partirent le lendemain sur leurs traces, les atteignirent à Bou-Trekfine où ils campaient sans défiance et en massacrèrent le plus qu'ils purent.

Ceux qui parvinrent à fuir descendirent l'Oued-Neça, jusqu'au confluent de l'Oued-Kebch, où ils creusèrent un puits et construisirent deux ou trois maisons. Cet essai de colonisation ne leur réussit pas. Inquiétés sans cesse par les *djichs* de toute provenance qui exploitaient cette partie du Sahara, ils quittèrent ce point appelé Melaga-ben-Sidhoum, et allèrent explorer l'Oued-Zegrir. Ils s'arrêtèrent dans la vaste daïa où s'épanouit aujourd'hui l'oasis de Guerara, et y bâtirent le ksar d'El-Mabartekh. Les crues fréquentes de l'Oued-Zegrir assuraient la vie à leurs cultures et, si l'on en croit la tradition, la daïa était même arrosée par une source abondante dont on montre encore la place.

Le noyau d'habitants du ksar, formé d'Afafra, Oulad-Nouh et Oulad-Bakha s'accrut de quelques expulsés des Beni-Isguen. Les Arabes des Oulad-Saiah, Saïd-Oulad-Amor, Selmia, Abadlïa, Oulad-Moulat, qui fréquentaient ces parages, se groupèrent en été autour d'El-Mabartekh, et contribuèrent ainsi à augmenter sa force et sa prospérité.

Mais dans les régions sahariennes la création d'un centre coïncide toujours avec l'apparition de deux çoffs qui s'y disputent le pouvoir. El-Mabertekh ne pouvait échapper à cette loi fatale de division, commune à tous les ksour.

Deux partis se formèrent : les Afafra, les Oulad-Nouh et les gens de Beni-Isguen d'un côté ; de l'autre, les Oulad-Bakha. Après une série de luttes et de trahisons, ces derniers eurent le dessous et furent violemment expulsés. Ils trouvèrent asile à Ghardaïa et c'est de cette ville qu'un groupe d'entre eux partit pour le Tell. Lorsque les quarante hommes des Oulad-Bakha, revenant d'Alger, se dirigèrent vers El-Mabartekh, ils y allaient dans l'espoir d'obtenir par la persuasion leur réintégration dans ce ksar. Ce n'est qu'après avoir épuisé les moyens de conciliation et devant le refus obstiné des gens

2

leurs secrètes menées, à semer la division parmi les Arabes d'El-Mabartekh.

Les combats se succédèrent dès lors sans interruption. On se battait surtout en un point appelé Bou-Larouah, à cause du grand nombre de personnes qui y périrent.

Pendant l'été et l'automne, les Oulad-Bakha étaient vainqueurs ; au printemps et en hiver, les habitants d'El-Mabartekh avaient le dessus et dévastaient les jardins de leurs adversaires.

Cet état de choses dura plusieurs années.

Les Oulad-Bakha mirent en œuvre l'argent pour soudoyer les Arabes d'El-Mabartekh, et les empêcher de prendre part à la lutte. Ce moyen produisit son effet : les Arabes regagnèrent tous le Sahara, laissant les deux partis face à face.

Les Oulad-Bakha, délivrés des Arabes dont l'appoint constituait la supériorité de leurs adversaires, assiégèrent El-Mabartekh, tuant tous les habitants qui se hasardaient à sortir pour se rendre à leurs jardins. Les gens de ce ksar, étroitement investis, se trouvaient confinés dans leurs murs.

Au commencement de l'été, quand les Arabes revinrent du Sahara, les Oulad-Bakha cessèrent les hostilités.

Les gens d'El-Mabartekh, libres enfin de sortir, trouvèrent leurs jardins dévastés, leurs puits comblés et leurs jeunes palmiers arrachés.

---

d'El-Mabartekh, qu'ils eurent recours à Ben Djellab et résolurent de créer une ville rivale.

Tels sont les faits recueillis par la tradition.

Il convient d'ajouter qu'El-Mabartekh ne pouvait être qu'un ksar de médiocre importance, et qu'il n'a eu qu'une durée éphémère. Créé dans les dernières années du XVIe siècle, il fut ruiné complètement peu de temps après la fondation de Guerara. On ne peu donc lui assigner qu'une existence de 45 à 50 ans. Les lettrés de Guerara fixent à 46 ans le laps de temps qui s'écoula depuis la création d'El-Mabartekh jusqu'à sa destruction.

Ils exposèrent leur situation aux Arabes qui résolurent de les venger.

Si Ahmed ben Saïah, leur chef reconnu, leur tint le discours suivant : « O Arabes dénués de raison, permettrez-vous aux Abadites de détruire une ville qui est à vous ? Au mépris de la religion, vous vous laissez séduire par des richesses. Pour moi, je le jure trois fois par Dieu Très-Haut, je ne laisserai pas s'accomplir la ruine d'El-Mabartekh, dussé-je sacrifier tous mes biens et perdre tous mes hommes. »

Les Arabes furent frappés de ces paroles. « Que faut-il faire ? demandèrent-ils ; nous suivrons tes avis et nous exécuterons tes ordres sans les discuter. »

Sid Ahmed ben Saïah les invita à combattre les Oulad-Bakha.

Ils tombèrent sur eux à l'improviste, dans les jardins, et en tuèrent un certain nombre.

Les Oulad-Bakha rentrèrent précipitamment dans leur ville et en fermèrent les portes. Ils montèrent sur leurs remparts et se demandèrent quel parti il convenait de prendre, en présence de cette trahison inattendue.

L'un d'eux dit : « Attendez que les Arabes partent d'El-Mabartekh ; nous trouverons alors le moyen d'en finir avec le ksar. »

Les Arabes quittèrent l'oasis peu après ; mais Si Ahmed ben Saïah resta dans la ville.

Les Oulad-Bakha envoyèrent alors un parlementaire à El-Mabartekh, avec mission apparente de négocier la paix ; en réalité, il était chargé d'étudier une surprise contre le ksar.

Cet envoyé tint à la djemâa le discours suivant : « Nous sommes frères, puisque nous appartenons tous à la secte abadite. Si Ahmed ben Saïah est malékite. Tuons-le ; nous ferons ensuite un partage équitable des terres de la daïa et nous mettrons fin de la sorte à ces luttes qui nous ruinent tous. »

Les gens d'El-Mabartekh approuvèrent ce conseil.

« Voici ce qu'il faut faire, ajouta l'envoyé : nous vous provoquerons au combat ; Si Ahmed ben Saïah sortira avec vous, et nous désignerons parmi nous un homme qui, moyennant une bonne récompense, le tuera pendant la mêlée. »

Le parlementaire parti, Si Ahmed ben Saïah s'informa du but de sa mission. « Les Oulad-Bakha demandent la paix, lui répondit-on, et nous voulons la guerre. »

« Demain, s'il plaît à Dieu, dit Si Ahmed ben Saïah, nous leur livrerons bataille ; par la volonté du Très-Haut et l'intercession de son prophète, demain sera le jour de la vengeance. »

« Agis comme tu l'entendras, répondirent les gens d'El-Mabartekh et que Dieu te récompense par le bien ! »

Si Ahmed ben Saïah fit annoncer, par le crieur public, qu'on devait attaquer le lendemain les Oulad-Bakha et les exterminer. Tout le monde devait être en armes, dès le point du jour.

Le lendemain matin, après avoir fait la prière du *fedjeur* et accompli ses dévotions, Si Ahmed ben Saïah fit rassembler les habitants d'El-Mabartekh au son du tambour, et commanda une sortie générale.

La rencontre eut lieu à Bou-Larouah. On livra en cet endroit un combat acharné, dans lequel les deux partis firent de grosses pertes. La bataille ne cessa qu'au moment de l'*aceur ;* les combattants se retirèrent derrière leurs murailles emportant leurs morts.

De part et d'autre, on passa la nuit à veiller sur les remparts.

Le lendemain, vers le milieu du jour, les gens d'El-Mabartekh firent une nouvelle sortie, toujours conduits par Si Ahmed ben Saïah.

On continua à se battre ainsi pendant vingt jours. Mais Dieu avait décidé la ruine d'El-Mabartekh.

Les gens de ce ksar, tentant un effort suprême, se rangèrent une dernière fois pour la bataille. Si Ahmed ben Saïah, marchant à leur tête, les excitait à la lutte.

Vers le milieu du jour, les gens d'El-Mabartekh fai-
blirent et, malgré les efforts de leur chef qui cherchait
à les rallier, ils lachèrent pied et s'enfuirent en désordre.

Si Ahmed, monté sur une jument blanche, revenait
seul charger l'ennemi, quand sa monture, atteinte d'un
coup de feu, s'abattit sous lui.

Un homme des Oulad-Bakha, un nègre, dit-on, s'avança
vers lui et lui coupa la jambe droite d'un coup de sabre.
Dès qu'il fut à terre, on se précipita sur lui et il fut bientôt mis en pièces. Les débris de son corps, roulés en
boule dans son *seroual,* furent recueillis le lendemain
et enterrés près de la ville. Une petite koubba, située au
nord d'El-Mabartekh, marque encore la place où il fut
enseveli.

Les Oulad-Bakha célébrèrent par de grandes réjouis-
sances la mort de Si Ahmed ben Saïah : « Nous voilà
délivrés de cet homme, disaient-ils ; il était, pour les
gens d'El-Mabartekh, l'âme qui conseille et la tête qui
commande. Ils restent aujourd'hui sans direction ; nous
serons leurs maîtres quand nous le voudrons. Que Dieu
soit loué ! »

Quant aux gens d'El-Mabartekh, ils passèrent la nuit à
déplorer la perte de Si Ahmed ben Saïah.

Trois jours après cet événement, les habitants de
Guerara sortirent de nouveau et vinrent insulter leurs
ennemis jusque sous leurs remparts.

Ceux-ci, abrités par leurs murailles et en sûreté derrière leurs portes bien closes, se contentèrent de répondre par une décharge de leurs armes.

Les Oulad-Bakha tinrent conseil.

Un de leurs notables émit l'avis suivant : « Mettons-
nous à fabriquer des échelles, dit-il. Après minuit, quand
les sentinelles ennemies, fatiguées par une longue veille,
quitteront leur poste, nous appliquerons ces échelles
contre les murailles ; au point du jour, nous escalade-
rons les remparts et prendrons la ville d'assaut. »

Cet avis reçut l'approbation de tous.

Les Oulad-Bakha fabriquèrent donc trois échelles : la première devait être placée sur la face est du ksar, la seconde sur la face ouest, et la troisième du côté nord.

Un peu avant le point du jour, quand les veilleurs, fatigués, se retirèrent pour prendre du repos ou faire la prière de l'aurore, les Oulad-Bakha appliquèrent leurs échelles, franchirent les murs d'enceinte et pénétrèrent rapidement dans le ksar.

Ils gagnèrent immédiatement la mosquée, y firent retentir la poudre, s'emparèrent des issues des maisons et des rues et massacrèrent tous ceux qui leur tombèrent sous la main. Tous les habitants qui ne purent prendre la fuite périrent sous leurs coups. Le ksar fut mis au pillage, la mosquée fut détruite, l'enceinte rasée, les maisons furent incendiées, si bien qu'on n'eût pu croire qu'il existait, la veille, une ville en cet endroit.

Les Oulad-Bakha rendirent grâces à Dieu qui leur permettait de continuer, désormais, à peupler tranquillement leur ville.

Les Arabes nomades apprirent bientôt ces événements. Ils se montrèrent très irrités de la mort de Si Ahmed ben Saïah et de la ruine d'El-Mabartekh.

Les Oulad-Bakha, informés de leurs dispositions hostiles, leur dépêchèrent un envoyé, porteur de paroles de paix : « Ne vous affligez pas de la destruction d'El-Mabartekh, leur disaient-ils. Guerara sera désormais votre ville. Vous y trouverez tout à souhait : dans l'oasis, l'ombre pour vous et l'eau pour vos troupeaux ; dans le ksar, des magasins pour vos grains. »

Ce message apaisa les Arabes. « Il n'y a rien à faire, décidèrent-ils, puisque les Oulad-Bakha nous demandent notre amitié. Nous les aiderons à peupler le pays et nous leur amènerons des esclaves (1). La ruine d'El-

_____

(1) Les Arabes nomades ont, jusqu'au jour de l'annexion, servi d'intermédiaires aux Mozabites pour la traite des Nègres. Ces der-

Mabartekh était écrite ; nul ne peut se soustraire aux arrêts de Dieu. »

Organisation du commandement

Revenons à Guerara et à la manière dont le commandement et l'administration y furent organisés dès le début.

Les gens chargés du commandement et de la direction des affaires de la ville étaient au nombre de trente-six.

Douze tolba, appelés *Azzaba* (1), sachant le koran,

niers étaient amenés au Mzab par des Chambaa de Metlili, d'Ouargla ou d'El-Goléa, et souvent par des Zoua d'Insalah. C'est de ce point qu'arrivaient toutes les caravanes d'esclaves destinés à être vendus sur les marchés du Mzab. Les Nègres amenés étaient, presque tous, des enfants de 14 à 15 ans ; ils appartenaient aux populations du Haut-Niger, de Timbouctou, du Haoussa, du Bornou, du Bambara et même aux Foulanes. Un jeune Nègre se vendait de 300 à 500 francs. Les jeunes filles esclaves, les plus haut cotées, atteignaient parfois le prix de 1,000 francs.

(1) Les savantes notes jointes par M. Masqueray à sa traduction de la chronique d'Abou Zakaria, la brochure récemment publiée par M. le commandant Robin, ont déjà fait connaître l'organisation du véritable clergé que forme, au Mzab, la caste des Tolba.

Les *Halkas* de l'Oued-Mzab étaient, avant l'occupation, le type de celles qui ont existé dans tous les centres importants du Djebel-Nefous, du Djerid, de l'Oued-Righ et de l'Oued-Mia, après la chute de l'Imamat des Rostemides. Elles jouent dans la communauté abadite un rôle si important que rien de ce qui doit apporter la lumière sur leur organisation et leur composition ne peu paraître indifférent. Nous donnons à ce titre la traduction du règlement intérieur des Azzaba de Ghardaïa. — Les considérants qui le précédent sont particulièrement intéressants.

Ils nous font connaître l'idée prédominante et caractéristique qui régit la secte : l'immuabilité de la doctrine, l'horreur de toute innovation.

avaient la direction de la mosquée et le soin de son entretien.

« RÈGLE TRADITIONNELLE DES GENS DE GHARDAÏA »

« Louange à Dieu qui nous a instruits alors que nous ne savions
» pas et qui, parmi ses nombreuses créatures, nous a marqué son
» élection. »

« Ceci est l'ensemble des règlements adoptés, d'un commun accord,
» par les Azzaba de Ghardaïa, touchant leur discipline intérieure et
» l'organisation de leur halka. Ils sont conformes aux traditions
» léguées par nos ancêtres, que Dieu leur fasse miséricorde ! »

« Ce qu'on ne répète pas s'oublie et ce qu'on ne rappelle pas tombe
» en désuétude. »

« Dans le passé, le désaccord et la division qui régnaient parmi
» les Azzaba ont amené dans leur règle un relâchement tel qu'ils ont
» quitté la voie tracée par leurs premiers frères et que leurs tradi-
» tions dirigeantes ont failli disparaître. »

« Or, l'existence de cette religion dépend du maintien de ses tradi-
» tions et sa mort de leur disparition. »

« Celui entre les mains duquel la religion périra, Dieu saura en
» tirer vengeance. »

« Abou Rabia Slimane ben Ikhlef a dit : Cette religion ne dispa-
» raîtra pas comme un voyageur à l'horizon qui se dérobe tout-à-
» coup aux regards. Elle s'en ira peu à peu, pendant que les halkas
» se succèderont, laissant perdre une tradition après l'autre, si bien
» que la doctrine leur échappera entièrement, alors qu'ils ne s'en
» douteront pas. »

« Dieu nous préserve d'être cause de la mort de la religion et de
» la perte des traditions des musulmans. »

« Abou Nacer Fath ben Nouh (que Dieu lui fasse miséricorde), a
» dit : Celui qui prend en mains la cause de l'Islam et fait vivre la
» religion, est comme le chirurgien qui rendrait la vie à un blessé ;
» celui qui laisse périr l'Islam entre ses mains est semblable à un
» homme qui tuerait tous les autres. »

« Actuellement, la lumière de l'entente et de l'accord unanime
» brille parmi nous. Louange à Dieu qui nous a conduits dans cette
» voie ; sans sa direction bienfaisante, nous n'aurions pu atteindre ce
» but. »

« Voici les dispositions adoptées d'un commun accord par l'en-
» semble des Azzaba ; elles sont conformes aux traditions des an-
» ciens : »

« L'Azzabi qui aura commis une faute dite Kebira sera immédia-
» tement excommunié et exclu de la halka, dès que sa culpabilité
» aura été établie par constatation directe ou par preuve testimoniale.
» Il en sera ainsi pour toute faute grave dont la répression est

Ils instruisaient les enfants et enseignaient les sciences aux adultes, châtiaient les malfaiteurs, protégeaient

---

» prescrite par la loi, qu'elle ait été commise par paroles ou par
» actions. »

« Si le coupable avoue sa faute, fait preuve publique de repentir
» et s'humilie devant les musulmans, il sera admis à résipiscence.
» Il prendra dès lors place dans l'assemblée avec le commun des
» Tolba ou suivra l'enseignement de la mosquée, s'il est admis parmi
» les Tlamids (disciples du 2ᵉ degré). »

« La question de la réintégration dans la halka est laissée à l'ap-
» préciation de ceux qui la composent. »

« Ils seront libres, s'ils le jugent convenable, de l'admettre de nou-
» veau parmi eux ou de l'exclure à tout jamais. »

« Toutefois, ces mesures ne pourront être prises que d'un accord
» unanime. La réintégration, l'expulsion, le retard plus ou moins
» considérable apporté à la rentrée dans la halka sont subordonnés
» à la gravité de la faute et à l'âge du coupable. »

« S'il est ancien dans la halka, rompu aux affaires, habitué à la
» manière d'être des Azzaba et parfaitement au courant de la règle,
» on sévira contre lui, dès la première faute. »

« Si, entré récemment dans la halka, il est peu au courant des
» affaires, ignore les règlements ou n'est pas fixé sur la conduite à
» tenir, on l'invitera seulement à s'amender à la première faute et on
» ne le punira qu'à la seconde. »

« Lorsque l'Azzabi commettra, par paroles ou actions inconve-
» nantes, une faute légère, de nature à porter atteinte à la pureté ou
» à la considération des musulmans, on ne devra pas le punir sévère-
» ment, avant d'avoir fait une enquête. — Les Azzaba pourront alors,
» selon qu'ils le jugeront convenable, l'inviter simplement au repen-
» tir, l'exclure de l'assemblée ou lui refuser place parmi eux à la
» mosquée, d'après la gravité de la faute ou le degré de publicité qui
» lui a été donné. »

« Si l'infraction a été commise à l'intérieur et n'est connue que dans
» la halka, les Azzaba puniront le coupable entre eux et cacheront
» sa faute. Il ne leur est pas permis de la divulguer aux particuliers
» ou au public; leur devoir est de la tenir secrète. Car Dieu a dit :
» Ceux qui veulent rendre publiques les fautes commises par les
» croyants, trouveront un châtiment douloureux dans ce monde et
» dans l'autre. »

« Les Azzaba ne pourront admettre un nouveau membre dans la
» halka qu'après avoir chargé un des leurs de l'examiner et d'obser-
» ver attentivement ses paroles et ses actes pendant un an environ. »

« S'il est reconnu scrupuleusement attaché à la doctrine, fidèle
» observateur de la religion de Dieu, si, en un mot, le rapport fait

les faibles, les veuves et les orphelins, rendaient la justice aux gens lésés, concluaient les mariages, dressaient

---

» lui est favorable, les Azzaba l'inviteront à entrer dans la halka;
» ils feront dès lors tous leurs efforts pour obtenir son concours et
» le décider à faire partie de leur assemblée. »

« Si, au contraire, l'Azzabi constate que les actes ou les propos du
» récipiendaire sont tels qu'ils ne puissent être agréés par Dieu et
» par les musulmans, il fera son rapport dans ce sens, et on devra
» renoncer à l'admettre dans la halka. »

« Les admissions ne pourront être décidées qu'après entente préa-
» lable des Azzaba. Ils devront tous être présents à la délibération,
» à l'exception des membres mis temporairement à l'écart, pour
» fautes commises, qui ne siégeront pas et ne participeront pas aux
» affaires, pendant la durée de leur exclusion. »

« Parmi les affaires, les unes peuvent être traitées par certains
» membres sans le concours de leurs frères; d'autres doivent être
» traitées en commun. De ce nombre, sont l'admission et l'exclusion
» qui ne peuvent être décidées qu'en assemblée générale et d'un
» accord unanime. »

« L'Azzabi qui révèlera les secrets de la halka sera exclu et ne
» pourra jamais être réintégré. »

« Lorsque l'arif (huissier) invitera un membre à assister à une
» assemblée générale, il ne pourra refuser de s'y rendre. S'il ne
» répond pas à la convocation, on lui infligera la punition que l'on
» jugera convenable, à moins qu'il ait un motif sérieux d'absence
» à faire valoir. Dans ce cas, il devra comparaître en personne et
» présenter son excuse : si elle est reconnue valable, on lui laissera
» sa liberté; dans le cas contraire, il devra siéger avec ses collègues. »

« Lorsque les Azzaba seront réunis pour traiter une question,
» aucun d'eux ne pourra se lever sans demander l'autorisation et
» avant de l'avoir obtenue. Si l'un d'eux se lève sans permission,
» on lui appliquera la peine prescrite. Dieu (qu'il soit exalté !) a dit
» à propos des relations du prophète (que Dieu lui accorde le salut !)
» avec ses compagnons (que Dieu les agrée !) : Lorsqu'ils seront
» avec lui pour traiter une affaire d'intérêt général, ils ne partiront
» pas avant de lui en avoir demandé l'autorisation. »

« Dans les réunions, les Azzaba devront se prêter une attention
» réciproque et n'employer que des paroles sages et conformes aux
» règles de la bonne éducation. Ils ne devront jamais parler sur un
» ton élevé. Dieu l'a défendu lorsqu'il a dit : O vous qui croyez,
» n'élevez pas la voix, etc. »

« La parole est aux anciens ; les jeunes se bornent à écouter. »

« Lorsqu'un jeune membre voudra émettre un avis quelconque,
» il devra faire parler pour lui un ancien qui transmettra ses paroles

des actes et prononçaient des jugements selon la loi, déterminaient les limites des maisons des terres et des

---

» à l'assemblée. Si son avis est juste, on devra en tenir compte ; car
« on doit toujours accepter la vérité, d'où qu'elle vienne, d'un jeune
» homme ou d'un vieillard, d'un homme ou d'une femme, d'un homme
» libre ou d'un esclave, d'un ami ou d'un ennemi. »

« Tout avis émis par un membre devra être examiné : s'il est
» conforme au droit et à la vérité, on l'admettra ; dans le cas con-
» traire, on devra le réfuter et son auteur devra se soumettre. »

« Personne ne pourra se refuser à accepter la vérité quand elle se
» manifeste. Celui qui le ferait et persisterait dans son refus sera
» exclu de la halka. »

« Il peut arriver qu'un membre de la halka, chargé des affaires de
» musulmans ou remplissant un emploi dans la mosquée, commette
» une faute dans l'exercice de ses fonctions et s'expose ainsi à rece-
» voir des conseils et des réprimandes. S'il se fâche à cette occasion,
» refuse d'accepter les observations et abandonne ses fonctions par
» dépit, il ne pourra jamais plus en être chargé par la suite. On
» devra le remplacer immédiatement. »

« Mais si un membre se démet de ses fonctions parce qu'il voit
» que les traditions ne sont pas suivies, que la règle s'est relâchée
» et que l'assemblée, peu soucieuse de la justice et du droit, se refuse
» à rentrer dans la bonne voie, il est excusable. »

« Les Azzaba devront éviter soigneusement de laisser perdre les
» *habous* en nature constitués à leur profit. En conséquence, ils
» devront les employer à leur nourriture : c'est un devoir pour eux. »

« Ils doivent également remplir les conditions que leur impose la
» jouissance de ces habous. Ces conditions sont : l'obligation de
» desservir la mosquée, de s'y tenir plus que toutes autres person-
» nes, d'y occuper le premier rang pendant la prière, de prendre
» place dans l'assemblée quand on invoque Dieu, de ne s'absenter
» de la mosquée que pour un motif valable. Les Azzaba doivent
» également prendre en mains les intérêts des gens lésés, agir avec
» équité, donner le droit à ceux à qui il appartient, juger avec im-
» partialité entre le riche et le pauvre, sans s'inquiéter de personne
» et sans craindre, alors qu'ils agissent en vue de Dieu, les blâmes
» du monde. »

« Ils devront, avant tout, faire triompher le livre de Dieu, la sonna
» de son prophète (que Dieu lui accorde le salut !) et les traditions
» exemplaires des mechaïkhs (que Dieu leur fasse miséricorde !)
» et ne pas faire de distinction entre grands et petits. Ils rendront
» justice à quiconque y a droit et accepteront la vérité, d'où qu'elle
» vienne. »

« En ce qui concerne la consommation des habous, en nature, les

jardins, et administraient les biens provenant des dona-

» Azzaba doivent faire preuve vis-à-vis les uns des autres d'une cer-
» taine tolérance, et fermer les yeux quand un de leurs membres
» n'y prend pas part, pourvu que son abstention ne soit pas érigée
» en règle définitive et n'ait aucun inconvénient. Cette tolérance ne
» doit exister que pendant les mois autres que celui de Ramadan.
» En Ramadan, les Azzaba ne pourront se dispenser de consommer
» les habous ; ils se réuniront pour le faire et obligeront tous les
» membres, sans exception, à suivre leur exemple. »

« L'Azzabi qui suivra l'enseignement en même temps que les
» *Tlamids* pourra, à son gré, manger avec les derniers ou avec les
» Azzaba. Mais il ne pourra le faire chez les uns et chez les autres ;
» s'il mange avec les disciples, il lui est interdit de venir ensuite
» manger avec les Azzaba. »

« Fin de la règle de Ghardaïa, telle qu'elle a été rédigée par le
» cheikh Abou El-Kacem ben Yahia, que Dieu lui fasse miséricorde. »

L'ouvrage du cheikh Abou Tahar Ismaïl ben Moussa, de Djeïtal
(Djebel-Nefous), intitulé Kaouaïd El-Islam (des bases fondamentales
de l'Islam), qui est le code religieux le plus complet de la secte,
donne sur le cérémonial des séances les détails complémentaires
suivants :

« Dès leur arrivée, les membres de l'assemblée devront s'asseoir
» en formant le cercle (halka) sans laisser d'intervalle entre eux ; car
» les intervalles réjouissent le diable et lui donnent accès. Dès qu'ils
» auront pris place, ils prononceront les paroles suivantes: J'at-
» teste qu'il n'y a d'autre Dieu que le Dieu unique, lequel n'a pas
» d'associé, et que Mohammed est son serviteur et son envoyé.
» J'atteste que la religion est telle qu'elle a été exposée, l'Islam tel
» qu'il a été décrit, le livre tel qu'il a été révélé, la parole telle
» qu'elle a été transmise, et que Dieu est la vérité absolue. »

« Ils appelleront ensuite sur Mohammed les grâces et les bénédic-
» tions de Dieu et demanderont pour lui le salut. »

« Lorsqu'ils voudront lire le Koran, ils prieront Dieu d'éloigner
» d'eux Satan le lapidable, en récitant la formule suivante : Mon Dieu,
» je cherche un refuge auprès de toi pour éviter les tentations des
» démons et leur présence parmi nous. Proclame la gloire de ton
» Dieu à qui appartient la Toute-Puissance. Salut à tous les envoyés !
» Louange à Dieu, Maître de l'univers ! »

« Ils réciteront ensuite la *fatha*, puis le texte du Koran qu'ils au-
» ront choisi. Ils devront, pendant ce temps, rester immobiles et
» recueillis et se faciliter, par des explications réciproques, l'intel-
» ligence des paroles du livre. »

« Quant un membre aura obtenu l'autorisation de quitter l'assem-

tions religieuses (1).

» blée, il devra dire en se levant : Que ta gloire et tes louanges
» soient toujours proclamées, ô mon Dieu ; il n'y a d'autre Dieu que
» toi. J'implore ton pardon et je reviens à toi. Mon Dieu, accorde-
» moi la rémission de mes péchés et reçois-moi dans ta miséricorde. »

(1) Les biens religieux proviennent de *habous*, constitués au profit
des mosquées et affectés à leur entretien, aux détails du culte et à la
nourriture des Azzaba et autres tolba.

Il convient de dire que le habous a conservé au Mzab son caractère
primitif, c'est-à-dire qu'il est exclusivement religieux.

Le habous, tel qu'il existe en Algérie, est devenu pour le propriétaire qui le constitue un moyen de soustraire ses biens à la dévolution
successorale et de les maintenir dans sa descendance mâle, au préjudice des femmes et des filles. L'institution, ainsi comprise et appliquée par les propriétaires de Metlili et d'Ouargla, avait également
pris racine dans les ksour du Mzab ; elle s'y est développée pendant
longtemps avec toutes ses conséquences de dérogation arbitraire aux
lois de l'hérédité et d'injuste dépossession.

Vers la fin du neuvième siècle de l'hégire, il se produisit chez les
Abadites du Djebel-Nefous une sorte de renaissance en matière de
théologie et de jurisprudence. Les remarquables ouvrages composés
à cette époque par Abou Tahar Ismaïl ben Moussa, de Djeïtal, et
par d'autres docteurs non moins célèbres, pénétrèrent dans le Mzab
et y exercèrent une influence salutaire. Sous l'impulsion de personnages vénérés, tels qu'Abou Mahdi Aïssa ben Ismaïl et autres, le
goût des études, depuis longtemps éteint, se ranima. Les halkas
disloquées ou composées de tolba aussi ignorants que peu influents
se reformèrent et s'occupèrent de faire revivre la religion, en la
ramenant à ses vrais principes. C'est de cette époque que datent de
nombreuses réformes faites, d'un commun accord, par les tolba des
cinq ksour réunis.

Le habous, donnant privilège à une certaine catégorie d'héritiers,
fut reconnu contraire à l'esprit des *hadits* par lequel il a été institué,
et comme tel déclaré illicite par une convention. Il n'y eut plus dès
lors, au Mzab, que des habous exclusivement religieux, dont la dévolution dernière était attribuée à une mosquée, un cimetière, un oratoire, aux frais d'une certaine partie du culte, et non aux villes de
la Mecque et Médine.

La gestion des biens habous est actuellement la partie importante
du service temporel des Azzaba.

L'institution a, au Mzab, ceci d'original qu'elle porte non seulement sur des immeubles, mais sur des denrées alimentaires. C'est
alors une sorte de redevance perpétuelle en nature, qui prend le nom
de *nouba* et qui consiste à fournir chaque année, à une époque dé-

Après eux venaient douze hommes constituant la djemâa des *Aouames*. Ils étaient chargés de la gestion des

---

terminée, une certaine quantité de dattes, de *taam*, de viande, de
beurre ou d'eau.

Cette redevance, dont l'origine est une donation ou un legs ex-
piatoire, grève, suivant la volonté du constituant, tel ou tel immeuble
dont il est propriétaire sans cependant rendre cet immeuble inalié-
nable. L'héritier est tenu de remplir les charges établies sur la maison, le jardin ou le palmier, et doit, s'il vend la propriété, avertir
l'acquéreur qu'elle est grevée d'une nouba. Celui-ci accepte la charge
et on lui tient compte des frais qu'elle lui occasionnera en cotant
l'immeuble au-dessous de sa valeur réelle.

Il semble d'abord que le recouvrement de ces noubas doit offrir
de grandes difficultés. Le mode de perception est rendu très simple
par leur affectation à tel cimetière ou à tel oratoire et personne, du
reste, ne songe à se soustraire au paiement de ces redevances.

Il existe dans chaque cimetière une plate-forme en maçonnerie
où se tiennent, à des époques déterminées, une ou plusieurs réunions,
dites *mahadras*. C'est là que sont apportés les habous en nature.

Dès le point du jour, les Azzaba du ksar, suivis de leurs disciples et
des tolba du troisième degré qui s'astreignent à suivre les cérémonies
religieuses, s'acheminent vers le cimetière où doit se tenir l'assemblée. Ils se rangent en cercle sur la plate-forme et attendent, dans
une attitude recueillie, l'arrivée des fidèles.

Le paysage s'anime bientôt : les chemins d'accès, bordés de hautes
tombes maçonnées, se remplissent de Mozabites qui arrivent en longue file, courbés sous le poids de régimes de dattes, d'outres gonflées
d'eau ou d'énormes gueçaas remplies de taam. Le porteur pénètre
dans le cercle des tolba et dépose silencieusement son fardeau aux
pieds de l'oukil chargé de la gestion des habous affectés au cimetière.
Celui-ci, sa liste en main, vérifie d'un coup d'œil la nature et la
quantité des denrées apportées et les fait classer par de jeunes
tlamids. La foule grossissante et toujours silencieuse se range
derrière la ligne des tolba ; les régimes de dattes, les plats de taam,
les quartiers de viande cuite continuent à s'entasser, jusqu'à ce que
la liste des donateurs soit épuisée.

On procède alors au partage : chaque classe de tolba a sa part
déterminée à l'avance pour chaque mahadra. On apporte surtout un
certain soin dans la répartition de la viande et des dattes, éléments
les plus appréciés des donations en nature. Le taam est en partie
distribué aux pauvres, venus pour recueillir les miettes de cette immense table. Ces mendiants appartiennent presque tous aux fractions
arabes qui vivent autour des ksour du Mzab. Les restes du taam
sont remportés par les donateurs qui sont libres d'en disposer comme ils l'entendent.

affaires de la ville, tant à l'intérieur qu'à l'extérieur (1);
mais ils n'avaient pas à s'immiscer dans les questions
réservées aux tolba de la mosquée. Lorsqu'ils avaient
à traiter d'un fait en dehors de leur compétence, ils
allaient consulter les douze Azzaba, auxquels appartenait
le commandement suprême (2).

Pour donner une idée de l'importance des donations en nature au
Mzab, il suffira de faire remarquer qu'un seul des cimetières de
Ghardaïa, celui d'Ammi-Saïd, a, ponr sa part de habous, lors de la
mahadra de l'hiver, 2,500 hatias de blé roulé en taam et autant de
tabegs de viande ; chaque tabeg représente le quart d'un mouton. Il
est donc apporté dans une même journée, à ce seul cimetière, la
valeur de 240 hectolitres de blé et de 630 moutons. Or, Ghardaïa
seulement a trente-quatre mahadras par an ; il est juste de dire
qu'elles n'ont pas toutes la même importance.

Les redevances en nature sont aussi apportées directement à la
mosquée pendant le mois de Ramadan. Les Azzaba et les tolba assis-
tants ont ainsi leurs repas assurés pendant toute la durée du jeûne.

La mosquée de Ghardaïa a, pour chaque jour de ce mois, 80 guer-
bas d'eau-habous. Cette eau est mise à la disposition des fidèles au
moment de la prière du soir ; elle doit être consommée sur place et
ne doit pas servir aux ablutions.

Disons, en terminant, que chaque ville a ses habous parfaitement
distincts. Les Azzaba des différentes mosquées sont chargés de la
gestion des dotations religieuses constituées dans leur ville, sans
avoir à s'immiscer dans l'administration des habous des autres ksour.

Les mosquées les plus riches en habous de toute nature sont
celles de Ghardaïa et de Guerara.

(1) *Aouame* est le pluriel de *ammi*, qui signifie commun ; au Mzab
c'est tout ce qui n'est pas taleb. D'après le principe de la communauté abadite, la djemâa des Aouames, ou djemâa laïque, n'a qu'une
part très secondaire dans la gestion des affaires, dont la haute direction appartient aux clercs ou tolba. L'histoire de Guerara démontre
que, dans cette ville surtout, la pratique ne répondait pas à la théorie.
Le règne de la justice n'a pas été de longue durée et la force y a
bientôt détrôné le droit. On peut dire que dès les premières luttes,
le groupe laïque, formé d'une grosse majorité de personnalités am-
bitieuses, a pris le dessus. Il en a été de même pour Berriane. Ces
deux villes, colonies composées d'éléments hétérogènes, ont été profondément influencées par le contact arabe et ont échappé rapidement à l'action religieuse émanant du centre, l'Oued-Mzab.

(2) Il faut entendre par commandement suprême le droit et le
devoir de faire exécuter, en matière religieuse, civile ou criminelle,

.La djemâa des Aouames, pouvoir moyen, s'occupait surtout du peuplement de la ville et de l'agrandissement de l'oasis.

---

la loi, telle qu'elle est déterminée par le Koran, la Sonna et l'entente unanime des docteurs de la secte. A qui appartient ce droit ? à qui incombe ce devoir ?

Le Kitab El-Ahkam (le livre des sentences légales), ouvrage qui fait autorité chez les Abadites, répond ainsi à la question :

« Le droit de contrainte (djabr) et de défense (hadjr) appartient à
» l'imam des musulmans, à leur cadi s'il n'y pas d'imam, à l'assem-
» blée des musulmans s'il n'y a ni imam ni cadi, à un homme ver-
» tueux de la localité, s'il n'y a pas d'assemblée. »

L'assemblée des musulmans était-elle constituée par la seule djemâa des Azzaba ? Non. Tout musulman majeur et responsable a le devoir de prêter son concours à l'exécution de la loi ; l'assemblée des musulmans est donc formée de l'ensemble des musulmans ou des délégués qu'ils choisissent pour les représenter.

Mais la première condition pour appliquer la loi, c'est d'en avoir l'intelligence. Les Azzaba, qui représentent dans chaque ville le maximum du savoir religieux, ont, avant tous, qualité pour *apprécier* et *décider*. Les laïques doivent leur concours pour *exécuter*. De là l'existence de deux djemâas, composées d'éléments bien distincts, mais appelées à concourir au même but.

Le Kitab El-Ahkam donne sur les devoirs du hakem ou de la djemâa qui le remplace, des détails formant un vrai code de police urbaine et rurale. C'est là qu'il faut chercher les kanouns du Mzab.

On en jugera par les extraits suivants, traduits du chapitre des défenses :

« Le *hakem* doit empêcher tout acte de nature à nuire aux popu-
» lations qu'il administre. »

« Il interdira de bâtir, planter, labourer, déposer des pierres, de la
» terre, des cendres, des ordures ou du bois sur les chemins publics
» ou privés, dans les oueds, près des fontaines ou des canaux d'ir-
» rigation, dans les sentiers d'accès, jardins, maisons, tentes ou
» dans leur périmètre réservé. »

« Il prendra les mêmes mesures en ce qui concerne les mosquées
» et les oratoires. Il en interdira l'entrée aux enfants et les empêchera
» d'en faire un lieu de réunion. »

« L'interdiction sera étendue à tous ceux qui pourraient y faire des
» dégâts ou y déposer des ordures et à tous ceux qui seraient soup-
» çonnés de vouloir commettre ces actes. »

« Il empêchera les femmes de pénétrer dans les mosquées avec
» des parfums susceptibles d'attirer l'attention des fidèles et de les
» distraire de leur prière. »

Après eux venaient douze hommes appelés *Mekaris*, chargés de la police générale, du maintien de l'ordre et de l'arrestation des malfaiteurs et gens de désordre. C'est à eux que les gens victimes d'un vol allaient porter

« Il défendra de les traverser, d'y emmagasiner des grains, d'y
» étendre des dattes, d'y travailler à un ouvrage salarié, d'y pous-
» ser des cris d'appel et d'y parler de choses futiles et mon-
» daines, de monter ou de coucher sur leurs terrasses, si ce n'est
» pour y faire des réparations. Cependant dans le cas de poursuite
» par l'ennemi, il est permis de monter sur les terrasses de la mos-
» quée pour échapper à la mort. »

« Il défendra de fermer la mosquée aux moments des prières et
» en interdira l'accès à tous ceux qui emportent au dehors, pour leur
» usage particulier, les ustensiles divers, tel que nattes, lampes,
» vases, etc. »

« Il défendra de construire dans les cimetières, d'y creuser, d'y
» planter, d'y tracer des chemins nouveaux, d'enlever les ossements
» des morts, d'enterrer deux cadavres à la même place, de vendre
» les tombes, d'en emporter les pierres, le bois, les arbres, l'herbe
» ou toute autre végétation. »

« Personne ne devra traverser un cimetière, même hors d'usage,
» ou y faire paître des troupeaux. »

» Le hakem (ou la djemâa des musulmans) interdira aux gens du
» livre (chrétiens ou juifs) d'enterrer leurs morts dans les cimetières
» des gens de la kibla (musulmans). »

« Il veillera à ce que les biens des absents, des mineurs ou des
» incapables ne soient pas dilapidés. Il veillera à ce qu'il ne soit
» porté atteinte ni à la fortune, ni à la sécurité des musulmans ; il
» interdira et réprimera tout acte nuisible aux particuliers, par
» exemple, la création d'un chemin sur le terrain d'autrui ou tout
» autre empiètement de ce genre. Il fera abattre les murs ou les
» maisons qui menacent ruine, défendra de jeter sur la voie publique
» des animaux morts, du sang, du bois, des pierres, des poutres de
» palmier, etc., de laver des vêtements ou de la laine dans les eaux
» de pluie ou autres propres à la consommation publique, de laisser
» les enfants y jouer, d'y jeter des ordures, d'y abreuver les bestiaux,
» de les salir ou d'en altérer le goût d'une façon quelconque. »

« Il dispersera sur le champ, par tous les moyens à sa disposition,
» paroles ou coups, les gens qui feront usage des instruments de
» musique, tambours et autres, et chassera également tous ceux qui
» se réuniront autour d'eux, qu'ils soient majeurs ou mineurs. Il ne
» sera jamais responsable des dommages ou incapacités causés
» par les coups donnés dans ce cas. »

« Il défendra de fabriquer des liqueurs fermentées ou des vins

3

plainte ; ils devaient immédiatement rechercher les dé-
linquants, les arrêter et les obliger à désintéresser les
gens lésés (1).

» illicites, d'en vendre ou d'inviter à en faire usage, d'exciter les
» gens aux jeux ou aux rixes, de leur donner des sobriquets bles-
» sants et d'apprendre aux enfants à faire le mal. »

« Il interdira aux femmes de se mêler aux hommes sur les places,
» dans les noces ou en toute autre occasion ; elles ne devront jamais
» pénétrer sur les marchés. »

« Le hakem interdira aux gens qui fréquentent les marchés toute
» opération de nature à porter préjudice aux acquéreurs ; en consé-
» quence, il défendra d'altérer les denrées ou de falsifier les poids,
» de chercher à tromper sur la qualité des marchandises et de les ven-
» dre comme bonnes alors qu'elles sont mauvaises, d'accaparer les
» grains, de se faire donner les objets mis en vente avant qu'ils
» aient atteint leur prix réel. Il interdira également le compérage,
» consistant à vanter la marchandise et à surenchérir, sans inten-
» tion d'acheter. »

« Il veillera à ce que les bouchers lavent leurs abattoirs ; il leur
» défendra de traîner les bêtes égorgées ou de les dépouiller avant
» qu'elles soient tout à fait mortes, de souffler la viande ou de l'ar-
» roser avec du sang, d'introduire des bandes de suif entre les côtes
» pour faire croire que l'animal est gras, d'enlever une partie de la
» chair de l'animal et de le vendre ensuite comme s'il était entier. »

« Il empêchera toute fraude que pourraient commettre à l'égard
» de leurs clients, les ouvriers et artisans, forgerons, tailleurs,
» bijoutiers, etc. Il interdira aux gens de chercher à tromper sur la
» qualité des objets mis en vente, par exemple de peigner un vieux
» vêtement de laine ou de l'enduire de plâtre pour lui donner le
» brillant du neuf, de mettre sur les régimes de dattes de l'huile ou
» toute autre matière susceptible d'induire l'acheteur en erreur sur
» la marchandise, de falsifier l'huile ou le lait en y ajoutant de l'eau,
» d'introduire dans les médicaments mis en vente des substances
» étrangères ou nuisibles, de mêler au blé de l'orge, des pierres, de
» la terre ou autres corps destinés à l'altérer ou à en augmenter le
» poids réel, de farder avec du rouge les esclaves à vendre. »

« Le hakem peut également, dans l'intérêt public, défendre de
» faire du bois dans les jardins ou aux abords des r'edirs, de couper
» des branches de palmier, d'oliviers, de figuiers et autres arbres
» fruitiers, d'enlever les filaments des palmiers ou de faire la cueil-
» lette des fruits avant l'époque de leur maturité. »

La djemâa des musulmans, ajoute l'auteur, a les mêmes pouvoirs
que le hakem, imam ou cadi.

(1) On donne, au Mzab, le nom de *Mekaris* à tous les adultes en

Lorsque le voleur était Arabe, les Tolba, après l'avoir
fustigé, lui faisaient faire le tour de la ville, monté sur
un âne. Puis ils le laissaient à terre, complètement dé-
pouillé. Lorsqu'un Abadite de la ville avait commis un
vol dans une maison, ou s'était introduit dans une habi-
tation sans permission, on lui infligeait une amende de
cent réaux, soit cent vingt-cinq francs de monnaie actuelle, et il était banni pour un an (1).

état de porter les armes. La djemâa des mekaris était, en principe,
une excellente institution. Elle formait une force armée, officiel-
lement investie et chargée du maintien de l'ordre et de la police de
détail de la ville. Mais elle n'avait d'autres pouvoirs que ceux qui lui
étaient délégués, en certaines circonstances, par les deux autres
djemâas. Les mekaris bénéficiaient du produit d'amendes minimes
infligées lors des corvées générales, dont ils avaient la surveillance.
A la faveur des troubles qui divisèrent Guerara, les mekaris prirent
l'importance que devait leur assurer leur qualité d'hommes de poudre.
Ils arrivèrent à former une sorte de garde prétorienne à la dévotion
des personnalités qui confisquaient le pouvoir à leur profit et
devinrent des assassins à la solde des partis qui se disputaient la
suprématie.

(1) Les peines reconnues licites et appliquées par les tolba étaient
les mêmes dans tous les ksour du Mzab. Elles étaient telles que le
prescrivent le Koran et la Sonna. Elles comprenaient les trois degrés
suivants :

L'*adeb*, dont le maximum était vingt coups de bâton ou vingt jours
de prison;

Le *taazir*, dont le maximum était quarante coups de bâton ou
quarante jours de prison;

Le *nekal*, peine supérieure à quarante coups de bâton et à quarante
jours de prison, mais sans maximum fixé;

Enfin, la peine de mort rarement appliquée.

Les tolba, d'accord avec les laïques et s'appuyant sur un verset du
Koran, admettaient aussi la peine du banissement *(neflane)* temporaire
ou perpétuel.

Quant aux peines pécuniaires, les tolba les ont toujours considérées
comme illicites ; elles étaient appliquées par les djemâas laïques de
certains ksour et s'ajoutaient ordinairement aux peines corporelles
infligées par les Azzaba. Dans les villes où l'élément religieux domi-
nait, telles que Beni-Isguen et El-Ateuf, les tolba ne toléraient pas
que des amendes fussent infligées.

La peine la plus fréquente était celle de la bastonnade ou du fouet.

Ces peines étaient applicables, sans distinction de rang, à tous les habitants de la ville, même à ceux qui faisaient partie des Azzaba, de la djemâa et des Mekaris.

Telle était l'organisation de la ville. Le pouvoir était aux mains de trente-six membres.

Le Kitab El-Ahkam règle dans tous ses détails le cérémonial de cette exécution. Voici le résumé du chapitre qui traite de cette matière :

« La bastonnade ne doit jamais être infligée dans la mosquée ; elle est licite dans tout autre lieu. »

« Elle doit être donnée par celui qui a infligé la peine ou par quelqu'un qu'il délègue. »

« L'instrument destiné à frapper doit être un fouet fabriqué à cet » effet et payé par le trésor public ; à défaut de fouet, une tresse de » cuir, composée de trois lanières, une corde d'alfa, une branche de » palmier, dépouillée de ses feuilles, ni trop rigide ni trop flexible. » On ne doit pas frapper avec une corde en filaments de palmiers » ou en laine, avec un bois de régime, un roseau ou un bâton de » bois dur. »

« Le patient devra se mettre à genoux et découvrir ses épaules ; il » subira sa peine dans cette position. L'exécuteur le frappera d'abord » sur l'épaule droite, puis sur l'épaule gauche et continuera ainsi » en alternant jusqu'à la fin. »

« Dans le cas où, par suite de blessures, ou pour toute autre cause, » le patient ne pourrait recevoir la bastonnade sur les épaules, il » sera frappé sur la partie postérieure qui devra rester couverte ; si » le vêtement se déchire, on interrompra l'exécution pour replacer » un voile nouveau. »

« Les esclaves mâles pourront, à volonté, être frappés sur les » épaules ou sur la partie postérieure. »

« Les femmes libres recevront la bastonnade sur les épaules : » elles devront ramener leur voile sur la tête et rester entièrement » couvertes. Avant de commencer l'exécution, on devra s'assurer, » en les faisant inspecter par des femmes désignées, qu'elles n'ont » pas un vêtement épais, susceptible d'amortir les coups. »

« Pour empêcher la femme de montrer sa nudité en se débattant, » on l'obligera à s'asseoir dans un grand panier qui lui vienne jusque » sous les bras, ou à s'introduire dans une *gherara* (sac en laine) » qu'on lui attachera sous les aisselles. »

« Afin d'éviter au public le spectacle d'accidents physiques que la » douleur ou la peur peuvent déterminer chez la femme, on arrosera » abondamment d'eau le panier ou la gherara dans lesquels elle

Fractions de Guerara

Les Oulad-Bakha de Guerara se divisaient en six fractions : chacune d'elles envoyait deux délégués à la mosquée, deux à la djemâa et deux chez les Mekaris.
Ces fractions étaient :

Les Oulad-Hammou-ben-Brahim ;
Les Oulad-bou-Lahia ;
Les Oulad-Alahoum, formant le côté ouest.
Les Oulad-Merzoug ;
Les Oulad-Kaci-ben-Naceur et les Oulad-Djahlane, formant le côté est (1).

» doit prendre place ainsi que le sol, à l'endroit où elle doit subir sa
» peine. »
« Les femmes esclaves recevront la bastonnade sur leurs épaules
» nues. Dans le cas où on les frapperait sur la partie postérieure,
» cette partie devra toujours rester couverte. »
« On ne bâtonnera jamais une femme enceinte ; elle subira sa
» peine après son accouchement. »
« On prendra à l'égard des hermaphrodites les mêmes précautions
» que pour les femmes : ils seront placés dans un panier et battus
» les épaules couvertes. »

(1) Les fractions actuelles de Guerara sont :

Oulad-Alahoum	(Mozabites.)	193 familles.
Oulad-bou-Lahia.	id.	90 id.
Oulad-Merzoug	id.	28 id.
Oulad-Hammou-ben-Brahim	id.	31 id.
Oulad-Djahlane	id.	69 id.
Oulad-Kaci-ben-Naceur.	id.	54 id.
Ballat.	id.	100 id.
Ahel-Melika.	id.	99 id.
El-Arram (originaires de tous les ksour du Mzab).	id.	50 id.
Atatcha (Arabes).		136 id.
	(sédentaires et nomades).	
Cheurfa id.		33 familles (sédentaires).
Chaamba id.		30 familles (nomades).

Ces six fractions sont celles qui ont fondé Guerara, avec les Cheurfa et les M'razi.

Développement de Guerara

Les Oulad-Bakha ayant ainsi organisé leur ville, continuèrent à élever des maisons, à fortifier leur enceinte, à planter des palmiers et à créer des jardins pendant une période de quarante années. Au bout de ce temps, ils rendirent licite, par achats, cessions ou autres contrats légitimes, la possession des terres, palmiers et jardins provenant d'El-Mabartekh. Ils agrandirent ensuite leur mosquée et y élevèrent un minaret pour l'appel à la prière. Cette construction date de l'an 1080 (1670).

Dès lors, le ksar prit chaque jour plus d'extension. Tout le monde y était traité justement et sur le pied de la plus parfaite égalité.

Aussi Dieu fit bientôt prospérer une ville où toute injustice était soigneusement évitée : de toutes parts les gens affluaient, demandant place aux Oulad-Bakha.

Parmi ceux qui vinrent s'installer à Guerara, se trouvait un homme d'Ouargla, nommé Balla. Il avait trois fils adultes, sachant le Koran.

Ce Balla se rattachait aux Oulad-Bakha par de faibles liens de parenté.

On raconte, en effet, qu'un homme des Oulad-Bakha, étant allé en voyage à Ouargla, resta six mois dans cette localité et y épousa une femme du pays (1). On prétend que son union avec cette femme n'était pas régulière et qu'il n'eut avec elle que des relations illégitimes. Quoi

---

Rouabah (Arabes) (originaires des Saïd-Oulad-Amor).　10 familles
(nomades et sédentaires).

Juifs (fraction dite El-Baz), ... 5 familles.

(1) Cet homme appartenait à la fraction des Oulad-Alahoum.

qu'il en soit, elle devint grosse et accoucha d'un fils dans les jardins d'Ouargla, près d'une source appelée Aïn-Balla. Le nouveau-né reçut le nom de Balla.

L'enfant grandit, atteignit l'âge de puberté, étudia le Koran, se maria et eut trois fils.

Un jour un homme d'Ouargla, avec lequel Balla s'était pris de querelle, lui dit tout à coup : « Sais-tu bien que tu n'es qu'un fils du péché et que tu ne pourrais nommer ton père. »

Balla profondément blessé par ces paroles, et craignant de nouveaux affronts, quitta Ouargla. Il vint, avec ses trois fils, demander asile aux habitants de Guerara.

On lui fit bon accueil et on l'installa provisoirement dans une maison.

Un an après, les Oulad-Bakha invitèrent Balla à se fixer dans une de leurs fractions. Il choisit celle des Oulad-Hammou-ben-Brahim ; ceux-ci lui donnèrent en mariage une fille de leur fraction et marièrent également ses fils.

Balla était un taleb juste et craignant Dieu.

On ne le voyait qu'à son jardin, qu'il cultivait soigneusement et à la mosquée, où il lisait le Koran et étudiait les sciences. Ses enfants suivaient son exemple.

Telle est l'origine de la fraction des Balla.

Les Djanat ont une autre source.

Leur père vint de Ghardaïa. Quand les Oulad-Bakha fondèrent leur ville, il était encore dans le sein de sa mère. Il naquit, grandit et vint s'installer par la suite chez les Oulad-Alahoum. Les Oulad-Bakha lui donnèrent le surnom de Djana (1). De là, la fraction des Djanat.

Une troisième fraction, appelée Siar'a (bijoutiers), vint de Melika (2). Les Siar'a étaient originaires du Tafilalet

_____

(1) Quand les Oulad-Bakha virent arriver le nouvel habitant, disent les lettrés de Guerara, ils s'écrièrent : « *Khou djana*, un frère nous arrive. » De là le surnom de Djana.

(2) Les Siar'a ne vinrent pas tous de Melika. Deux hommes seulement de cette fraction partirent de ce ksar pour se fixer à Guerara.

et fabriquaient des bijoux d'or et d'argent. Ils s'installèrent avec les Oulad-Alahoum, chez lesquels ils ont encore quelques représentants.

Aux premiers Oulad-Bakha vinrent également se joindre des gens de Melika et de Bou-Noura, dont les descendants existent encore.

Un siècle après sa fondation, Guerara avait pris, comme oasis, une extension considérable (1).

Les autres vinrent de Touggourt, où ils comptaient dans la fraction des Mehadjeria. On dit que les Siar'a sont d'origine juive, ce qui expliquerait leurs aptitudes au métier de bijoutier. Ils se sont mêlés aux Oulad-Alahoum.

(1) On compte habituellement à Guerara 4,000 habitants.

Le ksar, qui n'occupait à l'origine que le sommet du Koudiet-El-Agareb et dont l'enceinte primitive est encore visible, s'est étendu du Nord au Sud, sur toute la longueur du mamelon et s'est élargi, en descendant vers la daïa jusque dans la plaine, du côté de l'Est et de l'Ouest. Des rues bien tracées descendent de la mosquée ou du marché vers les différentes portes qui donnent accès dans la ville. D'autres suivent les courbes de niveau et la ligne des trois enceintes qui ont dû successivement être reportées plus bas, à mesure que Guerara s'agrandissait. Les maisons ont presque toutes un étage. Sur les faces les plus larges du ksar, surtout du côté de l'Ouest, les constructions s'élèvent en amphithéâtre, dans le sens de la plus grande pente du mamelon, et offrent à l'œil le spectacle pittoresque de leurs arcades superposées. Le minaret quadrangulaire de la mosquée, la plus belle des sept villes du Mzab, domine tout le ksar.

L'enceinte, flanquée de plusieurs bastions à créneaux et mâchicoulis, est percée de cinq ouvertures ; trois portes principales : Bab-Chergui, la porte de l'Est ; Bab-Ghorbi, la porte de l'Ouest ; Bab-En-Nouadeur, la porte des Meules, donnant sur l'oasis ; deux poternes, Kheradjet-Bordj-Ez-Zoukh, ouverte sur l'Ouest, Kheradja-Daharaouïa, donnant accès dans le cimetière.

L'oasis commence à quelques pas des murailles. La forêt de palmiers, d'un seul tenant, s'étale dans la daïa jusqu'à la hauteur d'un éperon de grès rouge appelé Goumgoumt-Cheurfa, surmonté d'une koubba, qui domine la vallée. Le recensement officiel, récemment fait, a donné pour l'oasis de Guerara les chiffres suivants :

Palmiers.	28,728
Arbres fruitiers divers (abricotiers, grenadiers, figuiers, cognassiers, etc.).	4,308
Puits en service.	1,046

Les fractions arabes qui, à cette époque, venaient estiver dans l'oasis, étaient les suivantes :

Oulad-Saïah ;
Saïd-Oulad-Amor ;
Oulad-Moulat ;
Saïd-Otba ;
Mekhadema ;
Chaamba ;
Mekhalif ;
Djenad ;
Oulad-Attache ;
Draïs ;

De toutes les oasis du Mzab, celle de Guerara est la plus favorisée sous le rapport des irrigations pluviales.

Les documents statistiques et chronologiques conservés par les tolba de Ghardaïa n'accusent, pour la période écoulée de 1728 à 1882, que douze grandes crues de l'Oued-Mzab, soit en moyenne une crue tous les treize ans. Les Guerariens voient arriver les eaux de l'Oued-Zegrir dans leur oasis tous les deux ou trois ans. C'est alors une *baraka* (bénédiction) dont les effets bienfaisants se font sentir pendant longtemps.

L'année 1884 leur a été particulièrement favorable : l'Oued-Zegrir a coulé deux fois pendant le premier semestre de cette année, remplissant les puits à pleins bords, couvrant tous les jardins en contre-bas d'une immense nappe d'eau de plusieurs mètres de profondeur.

Les Mozabites doivent alors faire le sacrifice des légumes qu'ils ont semés.

Les eaux séjournent souvent plus de deux mois dans les jardins et ne disparaissent que par l'évaporation ou une lente infiltration dans le sol. Lorsque la crue se produit au moment de la fécondation des palmiers ou de la cueillette des dattes, les Guerariens, obligés de se rendre à leurs jardins, improvisent une flotille de radeaux au moyen de poutres liées ensemble ou de lourdes portes, et naviguent ainsi sous un immense plafond de verdure. Le surplus des eaux, rejeté vers l'Ouest par une bouche de sûreté, va remplir en dehors de l'oasis un vaste bas-fond inculte et forme un beau lac, où se reflètent les cimes des palmiers et où se jouent des bandes d'oiseaux aquatiques de toutes sortes. C'est un spectacle unique que celui de cette verte forêt, émergeant d'une petite mer saharienne, encadrée par les témoins de grès rougeâtres, aux lignes bizarres, qui forment la ceinture de la daïa.

Fetaït ;
Oulad-Aïssa ;
Oulad-Saci ;
Harazlia ;
Oulad-Salah ;
Maacer ;
Mr'azi ;
Rahmane ;
Oulad-Sidi-Abd-Allah ;
Cheurfa (1).

Les Oulad-Sidi-Abd-Allah et les Cheurfa campaient dans la daïa avant la fondation de Guerara ; pendant l'été et l'automne ils s'installaient près des jardins d'El-Mabartekh ; au printemps et en hiver, ils reprenaient la vie nomade.

Toutes ces fractions sont aujourd'hui dispersées. Les Oulad-Attache seuls ont continué, comme par le passé, à camper autour de la ville.

---

(1) Les Oulad-Saïah, les Saïd-Oulad-Amor, les Oulad-Moulat, les Djenad, les Draïs, les Fetaït, les Oulad-Saci, les Macer, sont des tribus de l'Est, dépendant des commandements de Touggourt et de Biskra. Les Oulad-Aïssa sont des Oulad-Naïl de Bou-Sâada et de Djelfa, dont les terrains de parcours s'étendent au Sud de l'Oued-Djedi. Les Harazlia, les Oulad-Salah et les Rahmane appartiennent à la grande tribu des Larbaa. Les Mekhalif, tribu du cercle de Laghouat, parcourent les espaces compris entre le Djebel-Lazereg et le Mzab ; ils sont souvent campés dans la Chebka. Les Mekbadama, les Saïd-Otba et les Chaamba dépendent du cercle de Chardaïa. Les Oulad-Attache ou Atatcha sont les Arabes agrégés de Guerara ; ils se divisent en quatre fractions principales : Oulad-El-Mobarek, Oulad-El-Guendouz, Oulad-Si-M'hammed, Oulad-Si-Aïssa et Oulad-Mendas. Ils mènent alternativement la vie sédentaire ou la vie nomade, suivant les saisons. Les Atatcha, plus que toutes les fractions agrégées du Mzab, ont été mêlés à toutes les luttes et ont contribué, par leur turbulence et leur esprit de désordre, à entretenir l'agitation à Guerara avant l'annexion.

Premières luttes intestines. Formation des çoffs

Les habitants de Guerara envoyaient paître aux environs de la ville leur troupeau de chèvres ; les bêtes rentraient le soir afin qu'on pût les traire (1).

Un jour le berger étant passé avec son troupeau près d'un groupe de tentes installées dans l'Oued-Serikine, un Arabe arrêta une chèvre appartenant à une pauvre femme et lui but son lait.

Lorsque le berger rentra le soir, la femme constata que les pis de sa chèvre étaient vides et interrogea le berger, qui ne put répondre. Elle alla porter plainte à l'un des douze mekaris, de la fraction des Oulad-Merzoug, nommé El-Hadj Saïd. Celui-ci fit appeler le berger et lui demanda s'il avait vu des Arabes dans la journée. Le berger répondit qu'il était passé près d'un campement, dans l'Oued-Serikine. « Ce sont les gens de cette nezla qui ont dû voler le lait de la chèvre », dit El-Hadj Saïd, et sur ces mots, il invita ses compagnons des mekaris à monter à cheval avec lui pour aller dans le Sahara à la recherche des coupables.

---

(1) Chacun des ksour du Mzab a son troupeau de chèvres, confié à la garde d'un berger et payé par les propriétaires. Ce troupeau s'appelle *harrag*.

Voici le texte d'un acte rédigé à El-Ateuf et indiquant en détail les obligations du gardien et les droits qu'il perçoit : « Mohammed ben » Sania, des Chaamba, prend l'engagement de garder le troupeau de » la ville d'El-Ateuf pendant une période de dix années à partir de » ce jour. Il recevra par mois et par chèvre trois quarts de saa » d'orge (un peu moins d'un litre). Les chevreaux ne paieront que » lorsque leur mère aura fait une seconde portée. Pendant la saison » d'été, quand le berger fera boire les chèvres, il aura droit au » lait d'un pis pour chaque jour et chaque bête ; il traira un » jour le pis droit et le lendemain le pis gauche. Il devra réunir » lui-même le matin le troupeau en parcourant les différentes rues, » partir au point du jour et ne rentrer que lorsque le soleil com- » mence à jaunir. Il est pécuniairement responsable de tous les vols » qui peuvent être commis dans le troupeau ou des accidents qui » surviendront par sa négligence. »

Ils arrivèrent bientôt au campement indiqué.

Les Arabes les saluèrent, leur souhaitèrent la bienvenue et, après avoir baisé la main d'El-Hadj Saïd, l'invitèrent à descendre : « Pas avant d'avoir vu celui qui a bu le lait de notre chèvre, répondit-il. » — « Nous allons te l'amener, dirent les Arabes. »

L'homme arriva. « C'est toi qui as volé le lait ? lui demanda El-Hadj Saïd. » — « Oui, avoua-t-il ; j'étais fatigué par une longue course et je me suis permis de traire la chèvre pour apaiser ma faim et ma soif. »

El-Hadj Saïd fit garrotter le jeune homme et le conduisit à Guerara. — Arrivé sur le marché, il donna l'ordre de le mettre à mort. On l'égorgea à l'abattoir et son corps resta trois jours sans sépulture.

C'était un acte inouï d'injustice et d'arbitraire.

El-Hadj Saïd, satisfait de cette exécution, se retira.

Lorsque les parents de la victime apprirent sa fin misérable, ils se rendirent en masse à Guerara et protestèrent : « Comment, disaient-ils, peut-on commettre un pareil forfait à propos du lait d'une chèvre ? »

« Taisez-vous, leur dit El-Hadj Saïd, ou sinon je ferai de vous tous un exemple éclatant. »

Les plaignants partirent, mais ils invitèrent leurs gens à changer de campement et ne reparurent jamais aux environs de Guerara.

Les Oulad-Bakha laissèrent passer ce fait sans inquiéter El-Hadj Saïd.

Mais le Dieu très haut voulut bientôt que la discorde éclatât dans la ville et que les désordres s'y multipliassent.

Les Ballat, dont nous avons parlé plus haut, n'avaient aucun représentant de leur fraction parmi les Azzaba, les Mekaris ou les membres de la djemâa.

Cette situation leur était pénible.

Les gens des Oulad-Hammou-ben-Brahim, chez lesquels ils s'étaient fixés, leur dirent : « Nous avons six représentants ; achetez-nous en trois. »

Les Ballat acceptèrent la proposition et achetèrent les trois places, moyennant la somme considérable de trois mille réaux. Le prix de vente payé, ils choisirent parmi eux trois hommes qui les représentèrent dans les djemâas pendant une année entière.

Ce laps de temps écoulé, les Oulad-Hammou-ben-Brahim se repentirent d'avoir conclu un pareil marché et déclarèrent aux Ballat que les trois places n'étaient plus à vendre.

Les Ballat leur firent remarquer qu'ils avaient offert eux-mêmes la vente et qu'ils en avaient reçu le prix. Les Oulad-Hammou-ben-Brahim ne tinrent aucun compte de leurs observations et envoyèrent six représentants dans les djemâas, comme ils le faisaient avant la convention.

Les Ballat, outrés de cette injustice, allèrent trouver El-Hadj Saïd et le prièrent d'intervenir.

Celui-ci fit mander les Oulad-Hammou-ben-Brahim et les invita à faire droit aux justes réclamations des Ballat.

Un homme des Oulad-Bou-Lahïa, nommé Bel Grinat, qui assistait au débat, prit la parole : « Les Oulad-Ham-» mou-ben-Brahim, dit-il, n'ont rien à donner aux Ballat » et n'ont pas à aller en justice avec eux. Les Ballat n'ont » droit à aucun délégué dans aucune des trois assem-» blées. »

El-Hadj Saïd ayant fait observer que les Ballat avaient acheté ce droit en bon argent comptant, Bel Grinat répondit : « On n'achète que les esclaves noirs ; les hommes libres ne sont pas à vendre. »

El-Hadj Saïd, irrité, prit sa sandale et en frappa Bel Grinat au visage en lui disant : « Voilà ce que méritent tes insolentes paroles. »

Outré de colère, Bel Grinat quitta précipitamment la ville et se réfugia chez les Oulad-Attache, alors campés dans le Sahara. Pendant six mois, il resta chez eux ; ils égorgeaient chaque soir un agneau en son honneur. Il répétait sans cesse : « Quand nous irons camper sous Guerara, je vengerai mon honneur outragé en tuant El-Hadj Saïd. »

L'été venu, les Atatcha quittèrent le Sahara et vinrent installer leur campements sous la ville.

Bel Grinat possédait un petit sabre courbe de provenance turque, si tranchant qu'il pouvait servir de rasoir.

Il pénétra un jour dans le ksar et vint s'assoir sur le marché.

El-Hadj Saïd arriva bientôt et prit place à l'extrémité du marché, du côté Est (1).

Le soleil allait disparaître, quand Bel Grinat, marchant droit sur El-Hadj Saïd, tira brusquement son sabre, caché sous ses vêtements, et lui en asséna un coup si violent qu'il lui partagea la tête en deux. El-Hadj Saïd expira sur le champ ; Bel Grinat rejoignit les Atatcha.

Un grand tumulte se produisit dans la ville. Les habitants se divisèrent en deux partis : d'un côté, les Oulad-Merzoug, les Oulad-Djahlane et les Oulad-Kaci-ben-Naceur, formant le çoff Chergui ; d'autre part, les Oulad-Alahoum, les Oulad-bou-Lahïa, les Oulad-Hammou-ben-Brahim et les Ballat, composant le çoff Ghorbi.

Après de violents pourparlers, ont fit la paix et l'on convint de payer la *dia* d'El-Hadj Saïd.

---

(1) Il se tient dans les villes du Mzab des marchés hebdomadaires fréquentés par les Arabes et les habitants des différents ksour. C'est là que se fait surtout le commerce avec l'extérieur ; mais, en dehors de ces jours fixés, les Mozabites de chaque ville se réunissent tous les soirs, après la prière de l'*aceur*, sur la place principale, où le crieur public fait ses annonces et où se vendent aux enchères des quantités considérables de burnous et de haïks, fabriqués sur place, ainsi que des objets de toute sorte, provenant de ventes par autorité de justice, de faillites ou de liquidations de successions. La mise à prix fixée, les surenchères successives ne peuvent être supérieures à 0 fr. 10 pour les objets de moyenne valeur et 0 fr. 20 pour ceux de haut prix. Les bijoux d'or et d'argent, mis en vente, sont estimés en blé ou en orge et l'enchère se fait par l'addition des unités de mesure en usage au Mzab pour les grains.

Mais les Cheraga étaient très irrités de la mort de ce personnage. « S'il ne s'agit que de payer des *dias*, disaient-ils, nous sommes prêts à le faire. Ce qu'il nous faut, c'est venger le meurtre d'El-Hadj Saïd par la mort d'un homme du parti Ghorbi. »

Ils adoptèrent cette résolution et choisirent comme victime un homme influent, instruit et craignant Dieu, nommé El-Hadj Slimane. Les meurtriers, désignés à l'avance, attendirent qu'El-Hadj Slimane se rendît à son jardin. Ils le surprirent, sans défense, pendant qu'il travaillait et le tuèrent. Que Dieu lui fasse miséricorde, car il périt injustement.

Ce nouveau crime ne fit qu'attiser les haines et les passions déjà allumées. Les deux partis se divisèrent définitivement et entraînèrent à leur suite les fractions arabes qui fréquentaient ces parages.

Les Draïs, les Oulad-Amor se rallièrent au çoff Ghorbi.

Le Dieu très haut voulut bientôt que la guerre éclatât entre les Cheraga et les Ghoraba. Un vol commis dans la maison du cheikh Kaci, appartenant au parti Chergui, détermina l'explosion.

Des malfaiteurs, au nombre de trois, s'introduisirent de nuit dans la maison, par les latrines. Les habitants, éveillés par le bruit, se levèrent immédiatement. Deux des voleurs prirent la fuite ; le troisième, Tahar ben Guerara, des Atatcha, acculé sur la terrasse, se cacha sous un tas de bois et de branches de palmier.

On alluma des lampes et l'on se mit à sa recherche. Il fut bientôt découvert, accablé de coups et même blessé d'un coup de hache. Il parvint cependant à s'enfuir et, jusqu'au matin, on ne s'occuppa plus de lui.

Au lever du jour, les Cheraga suivirent les traces de sang et arrivèrent aux tentes où s'était réfugié le voleur, en dehors de l'oasis, à peu de distance de la ville.

Ils s'emparèrent de lui et l'amenèrent sur la place.

Les notables du parti Chergui discutèrent son sort : ils convinrent de le mettre à mort. Un homme lui tira à bout

portant un coup de pistolet et le tua raide. Pour donner plus de publicité à cette exécution, on alla chercher la tente et les effets du voleur et on brûla le tout à côté de son cadavre.

Les Atatcha, témoins de ce meurtre, se réunirent en masse et allèrent trouver leurs amis du parti Ghorbi : « Nous ne pouvons souffrir, dirent-ils, que les Cheraga » massacrent aussi arbitrairement nos enfants.

» C'est, en effet, une grande injustice, répondirent les » Ghoraba, comme l'assassinat d'El-Hadj Slimane. »

Les gens du Çoff Chergui ayant appris la démarche des Atatcha, firent mander leurs alliés arabes et leur dirent : « Il y a tant pour vous si vous nous débarrassez des » Atatcha.

» C'est bien, répondirent les Arabes, nous vous en » délivrerons. Dès qu'ils regagneront le Sahara, nous » partirons sur leurs traces. »

A la fin de l'automne, les Atatcha quittèrent l'oasis et allèrent installer leurs campements dans l'Oued-Sedeur, en un point appelé M'hammed-El-Ahmar, où les pluies avaient rempli de vastes redirs.

Les Draïs et, avec eux, une moitié des Saïd-Oulad-Amor, les laissèrent se placer et partirent immédiatement après sur leurs traces. Ils tombèrent sur le campement au point du jour. Les deux partis ne se séparèrent qu'après une lutte acharnée ; de chaque côté, neuf hommes avaient été tués.

Les Atatcha revinrent à marche forcée sous Guerara, suivis de près par les Draïs. Les premiers se placèrent en dehors de l'enceinte, du côté de l'Est ; leurs adversaires dressèrent leurs tentes vers la face Ouest du ksar.

Le lendemain matin, la ville se trouva partagée en deux camps. Les quartiers avaient été séparés par des barricades élevées à la hâte : Vers dix heures, la lutte éclata, si terrible que les enfants à la mamelle en vieillirent. Ceci se passait en l'année 1234 (1813).

Pendant vingt-quatre mois, les combats se succédèrent sans interruption. Les hommes ne quittaient plus leurs armes. Chaque parti enrôlait à son service des auxiliaires étrangers.

Le parti Ghorbi avait envoyé à Ghardaïa deux hommes de la tribu des Cheurfa, Yagoub ben Tria et Sliman ben Mohammed ben Chetioni, qui ramenèrent quatre cents auxiliaires des Oulad-Ammi-Aïssa, des Oulad-Ba-El-Hadj et des Medabih (1).

Les Cheraga, de leur côté, recrutaient des contingents chez les Harazlia, les Oulad-Sidi-Abdallah, les Draïs, les Saïd-Oulad-Amor et les gens de Negouça, sujets de Ben Babia.

A court de vivres, ils demandèrent à ce dernier cent charges de dattes. Il leur en expédia deux cents.

Les Atatcha ayant eu vent du départ de la caravane, l'attendirent dans le Sahara, razzèrent chameaux et dattes et tuèrent tous les convoyeurs. Ils ramenèrent ensuite leur butin aux Ghoraba qui leur firent un accueil enthousiaste.

Les Cheraga, désolés de la perte de leur caravane, firent appel aux Harazlia et les invitèrent à combattre les Atatcha.

Les Harazlia rassemblèrent des forces considérables et vinrent offrir la bataille aux Atatcha, campés à l'Ouest de la ville. Ils avaient amené, dans un baçour, une femme de leur tribu nommée Rezouga.

Le combat eut lieu en dehors de l'enceinte, au Nord

---

(1) Les Oulad-Ammi-Aïssa et les Oulad-Ba-El-Hadj sont des fractions Mozabites de Ghardaïa. Les Medabih sont les Arabes agrégés de cette ville. Ils ont joué dans l'Oued-Mzab le même rôle que les Atatcha à Guerara. Toujours disposés à prêter leur appui au parti qui les payait le mieux, ils ont pris part à toutes les luttes et ont essayé plusieurs fois de dominer dans Ghardaïa par la terreur. Les Mozabites les ont maintes fois expulsés de leur ville et ont détruit leur quartier. Ils ont créé, il y a seize ans, à dix kilomètres en amont de Ghardaïa, l'oasis appelée Daiet-bent-Dahoua, où l'on compte déjà près de quatre mille palmiers. Ils possèdent actuellement, dans Ghardaïa, 90 maisons.

de la ville. Pendant la mêlée, Rezouga, du haut de son chameau, excitait les guerriers de la voix et applaudissait par ses cris aux beaux faits d'armes (1).

Bientôt, les Atatcha eurent le dessus : ils s'emparèrent du baçour et de la femme et mirent en déroute les Harazlia. Ceux-ci se réfugièrent dans les ravins et on en fit un grand carnage. Ils regagnèrent le Sahara et, depuis cette époque, ils n'ont plus reparu à Guerara.

Expulsion des Cheraga

A la suite de cette victoire, les Draïs, les Oulad-Sidi-Abdallah abandonnèrent le parti Chergui et passèrent aux Ghoraba.

Les Cheraga, considérablement affaiblis par cette défection et manquant complètement de vivres, furent bientôt assiégés par leurs adversaires. Ceux-ci, profitant de la situation, tentèrent un effort définitif et tombèrent tous sur les Cheraga. La plupart de ces derniers furent tués ; ceux qui parvirent à s'échapper se réfugièrent à Berriane.

A cette époque, les villes de Berriane et de Beni-Isguen étaient amies des Cheraga. Ghardaïa, Melika, El-Ateuf et Metlili étaient pour le çoff Ghorbi.

---

(1) Cette bataille, connue sous le nom de bataille du baçour, est restée célèbre dans les annales de Guerara. Elle fut livrée vers la fin de 1815 et coûta la vie à plusieurs centaines d'hommes des deux partis. Ce ne furent pas seulement les Atatcha que vinrent combattre les Harazlia, mais toutes les fractions Mozabites ou Arabes, du çoff Ghorbi, grossies des contingents recrutés chez les Chaamba et dans les ksour de l'Oued-Mzab.

Rezouga était une femme d'une beauté remarquable dont les jeunes guerriers des Harazlia se disputaient les faveurs, assez larges du reste, si l'on en croit la tradition. Le fait d'amener comme spectatrices et juges du combat, des femmes recherchées dans la tribu est bien dans les mœurs sahariennes. C'est un élément d'excitation qui exalte jusqu'à la folie ces cerveaux si faciles à enflammer.

Les Ghoraba avaient poursuivi leurs ennemis assez loin de Guerara. Rentrés chez eux, ils n'y trouvèrent plus rien à manger, tant ils étaient affaiblis par cette lutte de vingt-quatre mois.

Ils dressèrent la liste des morts et constatèrent que de part et d'autre, six cents hommes avaient péri. Ils pénétrèrent dans le quartier des Cheraga et détruisirent un tiers des habitations ; cette partie est restée en ruine jusqu'à ce jour.

Après avoir soldé les contingents qui leur avaient prêté appui, ils élevèrent dans l'intérieur du ksar une seconde enceinte qu'on voit encore ; puis ils firent le partage des maisons et des palmiers des expulsés. Une part fut attribuée aux Atatcha, qui, ayant désormais des maisons, renoncèrent à la vie nomade et restèrent sédentaires pendant douze ans (1).

Quant aux gens du parti Chergui, ils se dispersèrent à Alger, à Constantine et surtout à Tunis (2).

Les plus pauvres seuls restèrent dans les ksour du Mzab (3).

Ils expiaient ainsi l'injustice qu'ils avaient commise à l'origine.

Les Draïs et les Oulad-Sidi-Abdallah regagnèrent le Zab.

Retour des Cheraga

Dieu voulut plus tard que les Cheraga rentrassent dans le ksar.

---

(1) Les Atatcha possèdent aujourd'hui 55 maison à Guerara.

(2) C'est encore vers Tunis que se porte aujourd'hui le courant principal d'émigration des Guerariens.

(3) On peut se rendre facilement compte des suites déplorables qu'avaient pour la fortune publique de pareilles exécutions. Les *Mekharidj* (expulsés) de tous les ksour du Mzab, formaient une classe de dépouillés qui ne vivaient plus que par le Tell, et entretenaient par leurs continuelles intrigues et leur haine, bien justifiée, cet état d'agitation, devenu l'état normal du Mzab jusqu'au jour de l'annexion.

La division se mit bientôt entre les Atatcha et les Oulad-Bakha du çoff Ghorbi, restés seuls maîtres de Guerara.

Après une période d'agitation, on fit une paix apparente. Mais les Oulad-Bakha, inquiets pour l'avenir, se consultèrent.

Bouhoun ben Naceur, père de Kaci, caïd actuel de Guerara, fit entrevoir la possibilité d'une réconciliation avec les Cheraga expulsés. Il émit l'avis qu'il fallait leur offrir la paix et les rappeler dans la ville : on leur rendrait leurs palmiers et leurs maisons et ils reprendraient la vie commune.

Les Ghoraba adoptèrent cette résolution et firent partir un délégué, chargé de faire aux Cheraga des ouvertures dans ce sens.

Les gens de l'Oued-Mzab, heureux de cette solution, s'employèrent pour ménager une entrevue entre les représentants des deux partis.

Il fut convenu que les Cheraga rentreraient à Guerara aux conditions suivantes : Ils s'engageaient à ne pas reconstruire la partie détruite de leur quartier et à n'admettre chez eux aucun auxiliaire arabe sans le consentement des Ghoraba.

L'envoyé de Guerara revint, ramenant avec lui les gens du çoff Chergui dispersés dans les ksour du Mzab, ainsi que leurs familles. Ceux qui s'étaient réfugiés à Tunis ou dans les villes du Tell algérien furent avertis par lettres et rentrèrent bientôt.

A ce moment, les Atatcha que le manque d'eau avait obligés à reprendre la vie nomade étaient dans l'Oued-Righ, à Negouça et à Ouargla.

A leur retour, quand ils voulurent rentrer dans leurs maisons, ils les trouvèrent occupées par les Cheraga.

Comme ils s'étonnaient qu'on eût décidé la réintégration des gens du çoff ennemi sans les consulter, alors qu'ils étaient la cause première de leur expulsion, on leur répondit qu'on avait cru devoir conclure la paix et qu'on s'était passé d'eux pour le faire. Cette réplique détermina une rixe dans laquelle il y eut mort d'homme de part et d'autre.

Les Atatcha, furieux, plièrent leurs tentes et regagnèrent le Sahara. Pleins de rancune, ils ne cessèrent, dès ce jour, de couper la route aux caravanes allant à Guerara ou en sortant et de razzer les troupeaux et les bêtes de somme autour de la ville et dans les jardins.

Cette situation n'était pas tenable. Les Oulad-Bakha firent proposer la paix aux Atatcha par l'intermédiaire du mokaddem Bouhoun ben Naçeur.

Ce dernier parvint à les ramener. On les installa de nouveau dans la ville et la réconciliation fut cimentée par une difa générale. De part et d'autre les dias furent payées et la tranquillité parut encore une fois rétablie.

Formation de deux çoffs parmi les Atatcha

Mais bientôt la division se mit parmi les Atatcha eux-mêmes.

Deux personnages influents de Guerara, Bouhoun ben Naceur, des Oulad-Alahoum, et Aïssa ben Ba Ahmed, des Ballat, se montraient très animés l'un contre l'autre, et entraînaient dans leur querelle les gens de leurs fractions.

Les Atatcha se partagèrent en deux çoffs : les uns, appelés Oulad-Si-Aïssa, embrassèrent la cause de Bouhoum ; les autres, nommés Oulad-Si-M'hammed, se rangèrent dans le parti d'Aïssa.

Quelque temps après, Bouhoun et Aïssa se réconcilièrent ; mais les Atatcha restèrent profondément divisés.

Un jour, une rixe éclata sur le marché entre les deux partis ; il y eut lutte à coups de couteaux et de bâtons.

Les gens de Guerara séparèrent les combattants et les

invitèrent à la conciliation. Mais les Atatcha, très animés, sortirent de la ville et rallièrent leurs hommes pour se livrer bataille.

Dans cette journée, les Oulad-Sidi-Aïssa subirent un échec.

Les Oulad-Bakha se gardèrent d'intervenir : ils fermèrent leurs portes et du haut de leurs remparts restèrent spectateurs du combat : « Autant de morts, disaient-ils, autant d'intrigants dont nous serons débarrassés. »

Ce furent les Cheurfa qui vinrent séparer les groupes ennemis.

Le combat terminé, les Oulad-Bakha frappèrent d'une amende les deux fractions rivales et leur intimèrent l'ordre de quitter Guerara. Les Oulad-Si-M'hammed allèrent vers le Nord, dans l'Oued-Zegrir ; les Oulad-Si-Aïssa, à l'Ouest, dans l'Oued-Neça.

Au printemps suivant, les Oulad-Si-M'hammed rallièrent à leur cause les Saïd-Oulad-Amor et avec l'appoint de ces auxiliaires se dirigèrent vers l'Oued-Neça pour y surprendre leurs adversaires. Ces derniers, ayant eu vent du mouvement, s'enfuirent plus loin ; mais ils furent poursuivis et atteints en un point de l'Oued-Neça, appelé Nechache.

Les Oulad-Si-M'hammed et leurs alliés ne parvinrent pas, dans cette journée, à battre les Oulad-Si-Aïssa. Ils revinrent installer leurs campements dans les terrains vagues, autour de Guerara.

Les Oulad-Si-Aïssa, restés dans l'Oued-Neça, n'eurent bientôt plus assez d'eau pour abreuver leurs troupeaux ; ils se demandèrent quel parti ils devaient prendre.

Leur chef leur conseilla de recruter des auxiliaires chez les Chaamba et d'attaquer les Oulad-Si-M'hammed sous Guerara. Les Chaamba fournirent les contingents demandés.

Par une marche rapide de nuit, les Oulad-Si-Aïssa arrivèrent près des camps ennemis. Ils tombèrent au point du jour sur les Oulad-Si-M'hammed, dispersés par la nécessité d'abreuver leurs troupeaux à différents puits, en firent un grand carnage et leur enlevèrent tout leur bétail.

Les Oulad-Si-M'hammed, très affaiblis par ce coup de main, regagnèrent le Sahara et se réfugièrent aux environs de Berriane.

Les Oulad-Si-Aïssa restèrent avec leur ami Bouhoun ben Naceur, dont l'adversaire, Aïssa ben Ba Ahmed, était mort.

La paix la plus complète régna pendant quelque temps à Guerara.

Expulsion des Cheurfa

Un savant et pieux personnage de la tribu des Cheurfa arriva un jour à Guerara, venant de Nefta, et trouva chez son frère d'origine, Si Chetioui ben Slimane, une large hospitalité.

Il fut installé par ce dernier dans une pièce indépendante de sa maison, située aux environs de la mosquée de la ville, et s'adonna entièrement à la lecture des ouvrages pieux.

Un certain jour, ce taleb et son hôte se mirent à psalmodier le Koran à haute voix. Les Azzaba de la mosquée, entendant réciter le Koran dans le voisinage, allèrent aux informations et apprirent que le bruit partait de la maison de Si Chetioui ben Slimane, des Cheurfa.

El-Hadj Kacem ben Hammou, cheikh de la mosquée, dit aux Azzaba : « Demain, s'il plait à Dieu, nous fermerons pour toujours la maison de Chetioui. »

Le lendemain matin, alors que tout le monde était sur le marché, les Azzaba arrivèrent, apportant de l'eau et du *timchemt* et murèrent la porte de la pièce (1).

_____

(1) L'application d'une pareille mesure, pour un fait en apparence si insignifiant, peut étonner ceux qui ne connaissent pas le rigorisme des

Ils dépêchèrent ensuite sur le marché un homme des Aouames, nommé El-Itim, auquel ils dirent : « Cache une clé sous tes vêtements, approche-toi de Chetioui et frappe-le. »

Tolba du Mzab en matière religieuse. Elle est expliquée et justifiée par le texte suivant du Kitab El-Ahkam : « L'Imam des Musulmans » (ou à défaut d'Imam, la Djemâa) interdira aux dissidents religieux » de faire parade de leurs doctrines hérétiques. Il ne tolérera pas » qu'ils fassent l'appel à la prière, se réunissent pour prier le ven- » dredi, tiennent des assemblées ou se permettent tout autre acte » qui fasse paraître leurs innovations. Il empêchera les gens de la » Doctrine, d'assister à leurs réunions, d'y envoyer leurs enfants ou » d'aller prier avec eux. La tolérance de faits pareils ne ferait que » corroborer leur hérésie et pourrait attirer vers elle les gens de la » Doctrine dont la foi est faible.

» Il empêchera également les gens du Livre de manifester ouver- » tement leur religion, même s'ils ont payé la capitation. On ne leur » laissera pas créer de nouvelles églises. On ne les empêchera pas » de pratiquer dans les églises pour lesquelles ils ont payé la *djezia* ; » mais on leur interdira d'y ajouter de nouvelles constructions et si » elles tombent en ruines, on les empêchera de les rebâtir. Ils ne » devront pas non plus faire entendre la lecture de leurs Livres, mon- » trer qu'ils boivent des liqueurs fermentées, etc. »

Les Abadites entendent par dissidents tous les Musulmans n'ap- partenant pas à leur secte, la seule qui, pour eux, ait conservé intacts les principes de l'Islam. Les gens du Livre sont les Chrétiens, les Juifs et les Sabéens.

Les Arabes Malékites qui vivent à Ghardaïa et Berriane n'ont pas de mosquée particulière. Le groupe assez considérable de Chaamba qui est fixé à Melika, accomplit ses dévotions à la mosquée abadite et suit toutes les pratiques de la secte.

Le timchemt est une sorte de plâtre employé au Mzab, à Metlili et à Ouargla. Il provient de l'exploitation de roches calcaires grises, rouges et souvent très blanches qui se trouvent à 30 centimètres de profondeur sous une couche de calcaire dolomitique ou siliceux facile à reconnaître. Cette roche bâtarde, mélangée de gypse fibreux rouge ou blanc s'appelle *kaddan*. On la trouve en abondance sur les plateaux qui dominent l'Oued-Mzab et l'Oued-Netiça. A Guerara, on l'exploite à 4 ou 5 kilomètres à l'Ouest du ksar, près d'un point appelé Garet-Chouf, où passe la piste qui conduit à Berriane.

Le timchemt extrait est cuit dans des petits fours construits sur place. Il devient alors un mélange de chaux caustique et de gypse déshydraté. La plupart des constructions du Mzab sont faites en tim- chemt qui sèche aussi vite que le plâtre. Sa résistance et sa cohésion

L'homme obéissant aux instructions données, se rendit sur le marché. Il s'avança avec précaution vers l'endroit où Chetioui était assis, le frappa brusquement d'un coup de clé au-dessus du sourcil droit et s'enfuit (1).

Un grand tumulte se produisit sur le marché.

L'arrivée de la nuit empêcha un conflit entre les Oulad-Alahoum et les Cheurfa. Ces derniers, très agités, passèrent la nuit à commenter les événements de la journée.

Le lendemain, dans l'après-midi, alors que tout le monde était réuni sur la grande place, les Oulad-Bakha firent annoncer par le crieur public que les Cheurfa eussent à quitter la ville sous trois jours, s'ils ne voulaient y être contraints par la force.

Les Cheurfa se rassemblèrent et tinrent conseil.

Cet ordre d'expulsion leur paraissait souverainement injuste. Cependant, malgré les protestations de certains d'entre eux qui ne pouvaient se résoudre à abandonner, sans résister, une ville à la fondation de laquelle leurs ancêtres avaient pris part, ils se décidèrent à obéir.

Ils firent donc venir des chameaux et partirent tous, à l'exception de trois chefs de famille qui restèrent à Guerara.

Ils se transportèrent à El-Alia, où ils reçurent bon

---

sont telles qu'elles permettent de ne donner aux murs extérieurs des plus hautes maisons qu'une épaisseur de 30 centimètres et de construire des voûtes sans employer de cintres. Le timchemt se vend de 15 à 16 francs les cent couffins.

(1) Les clés sont au Mzab de véritables armes de guerre. Celles en fer, venant de Tunis, ont souvent 30 centimètres de longueur et pèsent plusieurs kilogrammes. Celles qui sont fabriquées sur place sont destinées à ces serrures en bois particulières aux ksour. Elles sont formées d'une tige de bois dur plus ou moins longue, terminée par plusieurs pointes en fer. Elles sont très lourdes et deviennent, à l'occasion, de dangereuses massues. Bien des rixes où la poudre a *toussé* et fait de nombreuses victimes ont commencé par des coups de clés. Les Mozabites s'en séparent rarement : tout maître de maison, hors de chez lui, porte sa clé en fer ou en bois, suspendue au poignet par une courroie en cuir.

accueil. Ils construisirent quelques maisons dans ce ksar et y plantèrent quelques palmiers. C'est en 1264 (1848) qu'ils quittèrent Guerara, chassés par les Oulad-Alahoum qui avaient alors dans toute la ville une influence prépondérante.

Retour des Cheurfa

Deux ans après, à la suite de dissensions qui se produisirent entre les Oulad-Alahoum et les Ballat, ces derniers réclamèrent la réintégration des Cheurfa.

Un délégué, chargé de les ramener, fut expédié à El-Alia. Il leur fit comprendre qu'on se repentait de les avoir chassés et qu'on désirait leur retour. Les Cheurfa acceptèrent avec joie la proposition et furent parfaitement reçus à Guerara. Une indemnité de six cents réaux leur fut payée. C'est en l'année 1267 qu'ils rentrèrent.

Ils s'installèrent de nouveau dans leurs maisons et se remirent à cultiver leurs palmiers et à suivre le marché.

Quand ils eurent repris le courant de la vie commune, les Ballat leur rappelèrent qu'ils avaient été chassés par les Oulad-Alahoum. « Si vous le voulez, leur proposèrent-ils, nous les expulserons à notre tour (1). »

---

(1) L'histoire entière du Mzab se trouve dans ces mots. Les Mozabites, comme tous les représentants de la race Berbère, ont les haines tenaces, et leurs tolba ne sont pas les moins acharnés à la vengeance. Les expulsés du jour deviennent les expulseurs de demain ; les massacrés lèguent à leurs familles ou aux gens de leur fraction la mission de *réclamer leur sang* et ceux-ci massacrent à leur tour. Les périodes de paix ne sont qu'apparentes, et le désir de triompher de l'adversaire qui l'a humilié reste toujours vivant dans le cœur du vaincu.

Avec de semblables dispositions, les luttes commencées ne prennent fin qu'avec la disparition complète d'un des deux partis : l'histoire du Mzab, dans ces derniers siècles, nous offre de nombreux exemples de solutions de ce genre.

Expulsion des Oulad-Alahoum. — Leur retour

Le projet fut bientôt exécuté: les Ballat et les Cheurfa chassèrent de la ville les principaux personnages des Oulad-Alahoum. Seuls, Bouhoun ben Naceur et son fils Brahim restèrent à Guerara (1267-1851).

Les Oulad-Alahoum s'étaient réfugiés à Berriane. Ils faisaient de là de fréquentes incursions contre Guerara et attaquaient tous les voyageurs qui s'y rendaient.

Ils enlevèrent un jour le troupeau de chèvres de la ville.

Les Ballat se rendirent en miad chez les Oulad-Si-Aïssa et les prièrent de s'employer pour obtenir de leurs alliés, les Oulad-Alahoum, la restitution du troupeau.

Les Oulad-Si-Aïssa partirent pour Berriane. Les Oulad-Alahoum profitèrent de leur présence pour leur proposer de tenter une attaque contre Guerara et de massacrer les Ballat et les Oulad-Si-M'hamed.

On recruta des contingents parmi les Oulad-Yahia, les Mekhalif et les gens de Berriane, et l'on partit secrètement.

Cachés dans un ravin voisin de Guerara, appelé Chaabet-El-Khiane, les Oulad-Alahoum et leurs auxiliaires attendirent le matin.

Lorsque les habitants furent partis pour leurs jardins, les Oulad-Alahoum firent irruption dans le ksar et en occupèrent les principales rues. Tous les Ballat qui rentrèrent furent tués, les autres prirent la fuite avec les Oulad-Si-M'hamed.

Plusieurs habitations furent mises au pillage et les Oulad-Alahoum redevinrent, comme par le passé, les maîtres du ksar, en 1268 (1851).

Mohamed ben Abdallah assiège Guerara

Les Oulad-Si-M'hamed se rendirent à Ouargla, où

Mohammed ben Abdallah venait de faire son apparition.
Ils s'engagèrent dans son Makhzen et suivirent ses destinées. Quelques Ballat les rejoignirent.

Lorsque Mohammed ben Abdallah regagna le Sud à la
suite de sa grande razzia sur les Oulad-Naïl, il passa par
Guerara pour y abreuver son goum et y vendre une partie de son butin. Il demanda aux Oulad-Bakha la réintégration d'un certain nombre de Ballat. Ils furent admis
à rentrer et Mohammed ben Abdallah rendit la ville responsable de leur sécurité. A peine était-il arrivé à Ouargla que les Oulad-Bakha massacrèrent les Ballat.

Mohammed ben Abdallah, furieux, jura de ne laisser à
la place de Guerara qu'un monceau de ruines.

Vers le milieu de l'été 1269 (1852), il arriva sous le ksar
à la tête de forces considérables.

Pendant vingt et un jours il tint la ville assiégée, dévas-
tant les jardins, abattant les palmiers : il en coupa plus
de deux mille.

On lui acheta la paix au prix de deux mille cent
réaux. Il leva le siège et partit sur Laghouat, où les trou-
pes françaises l'atteignirent et d'où elles le chassèrent
en 1270 (1852) (1).

Poursuivi par les colonnes, il gagna successivement
Ouargla, Touggourt, le Souf et passa dans le Djerid.

Guerara de 1853 à 1882

Le commandant du Barrail entra à Guerara en 1270
(1853) et reçut la soumission de la ville.

Il désigna deux caïds, l'un pour le çoff Ghorbi et l'autre pour le çoff Chergui ; les personnages choisis étaient
Yahia ben Kerouaïa et Bou Bekeur ben Kaci.

La djemâa cessa dès lors d'exercer le commandement ;

(1) Le 4 décembre 1852.

le pouvoir fùt concentré entre les mains des caïds mis à la tête des deux çoffs.

En 1274 (1858), Bou Bekeur ben Kaci fut destitué. Son cousin, Kaci ben Zerouil, fut nommé à sa place pour services rendus au gouvernement français.

Il fut tué en 1276 (1860) et remplacé par Brahim ben Bouhoun (1) l'année suivante. A la même époque, El-Hadj Kacem ben Hammou prit les fonctions de cadi.

Brahim fut destitué en 1278 (1861).

---

(1) L'auteur de la notice qui s'étend complaisamment sur les faits antérieurs à l'occupation de Laghouat passe rapidement en revue, et sans les commenter, les événements qui se sont succédé depuis 1853. On comprend facilement cette réserve. Cette partie contemporaine de l'histoire de Guerara est une des plus mouvementées et des plus dramatiques : Traiter ce sujet était chose délicate pour un homme qui a été forcément mêlé à toutes les luttes, dont le souvenir est encore vivant chez tous les habitants de Guerara.

L'histoire du caïdat éphémère de Kaci ben Zerouil, page sanglante et caractéristique de cette période si agitée, a été reconstituée et retracée en quelques lignes par M. le lieutenant Massoutier, chef du bureau arabe de Ghardaïa.

Voici la relation rédigée par cet officier :

« Kaci ben Zerouil et son frère Aïssa, Mozabites de Guerara,
» accompagnèrent Ismaïl bou Derba dans le voyage d'exploration
» qu'il fit à Ghadamès et à Ghat en 1858. Au retour de ce voyage,
» ils fournirent à l'autorité de Laghouat des renseignements très pré-
» cieux sur ces régions fort peu connues encore à cette époque. En
» récompense des services qu'ils venaient de rendre et pour encou-
» rager les nouveaux essais que les deux frères voulurent tenter
» encore dans le but de nouer des relations commerciales avec les
» centres Sahariens, l'emploi de caïd de la ville de Guerara fut donné
» à l'un d'eux, Kaci, sur la proposition du commandant Margueritte,
» alors commandant supérieur de Laghouat.

» Malheureusement, Kaci ben Zerouil ne sut pas ou ne put établir
» son autorité à Guerara, où il n'était pas populaire. Après avoir
» réussi cependant à rallier à lui Naceur et Brahim ben Bouhoun,
» neveu de l'ex-caïd Bou Bekeur ben Kaci, qu'il avait supplanté, il
» s'aliéna ces deux premiers indigènes qui tournèrent alors contre lui
» l'influence considérable dont ils jouissaient à Guerara. Les passions
» s'animèrent bien vite et à tel point que la guerre civile devint immi-
» nente. Elle éclata bientôt et un combat eut lieu sur le marché entre
» les diverses fractions qui avaient pris parti pour l'un ou l'autre çoff.

Yahia ben Kerouaïa fut également destitué la même
année et la djemâa reprit la direction des affaires.

Les luttes recommencèrent et les habitants se trouvèrent de nouveau divisés en Ghoraba et en Cheraga ; les
premiers ayant avec eux une moitié des Oulad-Alahoum,
les Oulad-Aïssa et les Cheurfa, les autres comptant dans
leur parti la seconde moitié des Oulad-Alahoum, les
Ballat et les Oulad-Si-M'hammed.

» Plusieurs hommes périrent en cette circonstance et parmi eux le
» frère de Kaci, Ismaïl ben Zerouil. Finalement les partisans de
» Kaci eurent le dessous et il jugea lui-même prudent de quitter la
» ville et de se réfugier dans le Sahara avec son frère Aïssa (juin 1859).
» La Djemâa prononça contre eux la peine du bannissement et le
» pouvoir revint aux mains de Bou Bekeur ben Kaci.
» Le commandement de Kaci ben Zerouil avait duré un an à peine.
» Son exil dura huit mois environ. Au bout de cette période, le com-
» mandant supérieur de Laghouat parvint à amener une réconcilia-
» tion qui n'était qu'apparente, comme la suite le prouva, et obtint la
» rentrée de Kaci et de son frère à Guerara (1er mars 1860), mais
» sans les investir d'aucun pouvoir.
» Il s'était à peine écoulé un mois depuis le retour de ces indigè-
» nes qu'ils recommencèrent à se livrer à des intrigues secrètes qui
» aboutirent à une véritable conspiration. Leur projet ne consistait
» rien moins qu'à assassiner le caïd Bou Bekeur ben Kaci et ses
» deux neveux en les surprenant sur le marché à la première occa-
» sion favorable, et une fois les chefs du çoff opposé disparus, à
» établir leur autorité sur toute la ville.
» L'occasion ne se fit pas longtemps attendre : Assistés de plusieurs
» individus qu'ils avaient soudoyés, Kaci et Aïssa ben Zerouil assail-
» lirent traitreusement leurs ennemis qui s'offraient sans défense à leurs
» coups. Naceur ben Bouhoun fut tué par Kaci d'un coup de pisto-
» let ; Aïssa blessa Brahim ben Bouhoun de deux coups de feu au
» bras, après quoi il se servit de son arme comme d'une massue pour
» le frapper. Une lutte corps à corps s'engagea entre les deux adver-
» saires au cours de laquelle Aïssa reçut dans l'abdomen un coup de
» couteau qui le mit hors de combat et qui permit à Brahim ben
» Bouhoun de se dégager. Au moment où il s'enfuyait, il reçut de
» l'un des conjurés, El-Mecheri ben Kouïder, une décharge de trom-
» blon dans le dos et fut ramené chez lui dans un état très grave. Le
» hasard voulut que le caïd Bou Bekeur ben Kaci, qui était du reste
» d'un âge avancé, restât ce jour-là chez lui et évitât ainsi une mort
» à peu près certaine.
» Kaci ne fut pas plus heureux dans cette deuxième tentative que

En 1278 (1861), les Cheraga réussirent à expulser Brahim ben Bouhoun et ses partisans, lui tuèrent plusieurs hommes et pillèrent ses maisons (1). Il se rendit à Laghouat pour exposer sa situation à l'autorité française.

Les Cheraga, les Ballat et les Oulad-Si-M'hammed restaient maîtres de Guerara et y exerçaient seuls le pouvoir.

Brahim et ses partisans étaient tantôt à Berriane et tantôt dans le Sahara.

A la fin de l'année 1279 (1863), Brahim ben Bouhoun s'étant assuré le concours d'Ahmed ben Ahmed (2) et de

---

» dans la première. Traqué par les partisans du caïd revenus de la
» surprise de cette attaque, il fut réduit à aller se réfugier dans la
» demeure d'El-Hadj Kacem, taleb de Guerara.

» Le lendemain matin de cet événement, la djemàa se réunit, délibéra et décida que les auteurs de cette conjuration seraient mis à
» mort. La sentence fut exécutée le jour même sur Kaci ben Zerouil
» qui fut tiré de la maison d'El-Hadj Kacem, emmené en dehors de
» la ville et tué à coups de tromblon. Son cadavre fut ensuite égorgé.
» Trois jours après, Aïssa ben Zerouil, à moitié mourant, fut traîné
» à son tour sur le lieu du supplice et subit le même sort que son
» frère (mars 1860). »

(1) Brahim ben Bouhoun et ses partisans furent chassés le 10 septembre 1881, à l'instigation de Yahia ben Kerouaïa, qui resta maître de la ville.

(2) Ahmed ben Ahmed est une des figures les plus curieuses des Chaamba Berrazga.

Avant que notre action se fit sentir directement dans la région de Metlili et d'El-Goléa, il était le type accompli du grand coupeur de routes et du meneur de harkas aventureuses. M. le commandant Coyne, dans sa brochure intitulée : « Une razzia dans le grand Sahara, » a fait le récit de l'expédition qu'il dirigea contre les Brabers. Il y aurait à raconter bien d'autres exploits d'Ahmed ben Ahmed. En 1873, il accompagna M. Soleillet dans l'exploration que ce voyageur tenta sur In-Salah. Interné à Djelfa pour ses menées hostiles aux agents du commandement, il s'enfuit en 1881 de cette localité et prit à grande vitesse la route du Sud. Poursuivi par un peloton de spahis, il fut rattrapé à Berriane et interné de nouveau à Alger. Depuis l'annexion du Mzab, Ahmed ben Ahmed est revenu à Metlili, où les Chaamba chantent encore ses hauts faits, consacrés par d'interminables couplets. C'est dans la nuit du 21 au 22 avril 1863 qu'il pénétra dans Guerara avec Brahim ben Bouhoun.

ses frères les Cheleug, de Metlili, pénétra par surprise dans Guerara. Il s'empara d'une moitié de la ville et assiégea l'autre partie à laquelle il coupa toute communication avec l'eau.

Les Cheraga périrent en grand nombre. Ils se décidèrent à sortir du ksar pour échapper à un massacre général.

Brahim et ses contingents les poursuivirent et les ayant atteints, leur tuèrent soixante-treize hommes (1). Ceux qui réussirent à se dérober aux coups, se réfugièrent à Berriane.

Bou Bekeur ben Kaci fut de nouveau nommé caïd en 1280 (fin de 1863).

Brahim ben Bouhoun fut interné en Corse pendant deux ans puis mis en liberté.

Bou Bekeur ben Kaci mourut en 1290 et fut remplacé l'année suivante par Brahim ben Bouhoun. Ce dernier fut tué en 1293 (1877) (2).

Tous ceux qui avaient pris part à son massacre périrent à El-Adira (3).

---

(1) 7 mai 1863. — Yahia ben Kerouaïa, chef du çoff Chergui, était parmi les morts.

(2) Brahim ben Bouhoun avait repris depuis deux ans et demi le commandement de la djemâa de Guerara, lorsque le 4 avril 1877, vers cinq heures du soir, il fut assailli sur le marché et massacré à coups de fusil par huit individus appartenant aux Ballat et aux Oulad-Alahoum ralliés au çoff Chergui. El-Hadj Kacem ben Hammou, des Oulad-Allouche, chef des tolba de Guerara, qui cherchait depuis longtemps à supplanter Brahim, était l'instigateur de ce meurtre; son fils Aïssa et un autre de ses proches parents comptaient parmi les assassins.

(3) L'assassinat de Brahim ben Bouhoun avait rallumé toutes les passions à Guerara et l'on devait s'attendre à voir les Ghoraba exercer sur leurs adversaires de terribles représailles. Atterrés d'abord par la mort inattendue de Brahim, ses parents et la plupart de ses partisans avaient quitté précipitamment Guerara et s'étaient réfugiés dans les ksour de l'Oued-Mzab. Pendant ce temps, El-Hadj Kacem ben Hammou et les gens de son çoff essayaient de faire croire que le meurtre de Brahim était l'œuvre d'individus isolés, désireux de venger des injures personnelles.

Seul parmi les meurtriers, un nommé Aïssa El-Aoueur avait survécu. Une nuit, il essaya de tuer Kaci ben Bouhoun par surprise. Sa tentative ne réussit pas et il périt de la main même de Kaci (1).

La convention de 1853 laissant aux Mozabites la faculté de s'administrer librement, l'autorité française ne pouvait s'immiscer dans cette affaire que comme arbitre. Cependant, les parents de la victime, espérant obtenir des mesures de rigueur contre les assassins de Brahim, se rendirent à Laghouat et y furent suivis par un *miad* de Guerara, amenant les huit meurtriers et les personnages à l'instigation desquels ils avaient agi. Après de longs pourparlers, les parents de Brahim parurent accepter les mesures de conciliation qu'on leur proposait. Il fut convenu que les meurtriers paieraient la dia de la victime et seraient exilés à Ghardaïa ; le règlement de l'affaire devait être consacré par une décision de la djemâa des tolba réunis. Mais les partisans de Brahim n'avaient qu'une médiocre confiance dans l'autorité de cette assemblée et il fallait à leur haine autre chose qu'une sanction pacifique. Laissant à Laghouat les meurtriers, ils rentrèrent à Guerara et y prêchèrent la concorde. Mais leur plan était dressé : bientôt, un cavalier à *mehari*, chargé de surveiller le départ des assassins, arrivait à grande vitesse et prévenait Kaci ben Bouhoun, frère de Brahim, et Naceur, son fils, que le miad avait quitté Laghouat. Ils font sortir isolément du ksar et dans le plus grand secret, une quarantaine d'Atatcha bien armés et les rejoignent sur la route de Ghardaïa. Embusqués dans un col de l'Oued-El-Adira, à quelques kilomètres à peine de la tête de l'oasis de cette ville, ils attendent le miad que la proximité d'un centre habité rendait confiant, et l'assaillent à l'improviste.

El-Hadj Kacem et ses compagnons se réfugient sur une hauteur et essaient de s'y retrancher : mais ils ne peuvent résister au nombre des agresseurs. Ils fuient affolés sous une grêle de balles et sont massacrés en détail. Quatorze cadavres restèrent au pied de la *gara*. Un seul des assassins avait pu se dérober aux coups par la fuite. (3 juin 1877).

(1) Aïssa ben Aoumeur El-Aoueur avait échappé au massacre d'El-Adira : il se réfugia d'abord à Ghardaïa, puis il quitta le Mzab. A la fin de mars 1880, il rentra secrètement à Guerara par Touggourt. Le soir même, il venait frapper chez Kaci. Celui-ci, prévenu de l'arrivée d'Aïssa, prit un fusil chargé et entre bâilla avec précaution la porte, derrière laquelle il resta caché. Aïssa, armé d'un pistolet à deux coups, déchargea son arme par l'ouverture, croyant atteindre Kaci en plein corps. Ce dernier repoussa brusquement la porte et sortit de la maison par une seconde ouverture que ne pouvait voir Aïssa ;

. Ce dernier devint caïd en 1294 (1877).

En l'an 1300 (1882), nous avons été soumis définitivement à la France et l'anarchie qui régnait chez nous a
cessé pour toujours. Dieu nous a apporté la paix et a mis
fin à toute injustice en nous donnant le gouvernement
français, secours de l'opprimé et terreur du méchant (1).

Ainsi ont été accomplis les arrêts du Très-Haut, auxquels nul ne peut se soustraire.

Que le Maître de l'univers soit loué et qu'il nous dirige
toujours dans la voie du bien et du droit !

Juin 1884.

abrité par l'angle de la maison, il aperçut au milieu de la rue celui
qui venait de tenter de l'assassiner et l'abattit d'un coup de fusil.

(1) Il ne faut pas voir seulement dans cette phrase une de ces
louanges banales que les indigènes accordent si libéralement à l'autorité française dès qu'ils ne peuvent plus se soustraire à son action.
C'est l'expression du sentiment de la grande majorité des Mozabites,
des laïques surtout. Les habitants des ksour du Mzab, jaloux et
fiers de leur indépendance, se rendaient cependant parfaitement
compte de l'état politique déplorable dans lequel ils vivaient et de la
décadence progressive qui en était la conséquence : « O Aghlan, dit
» un proverbe local connu de tous, quel crime as-tu commis pour
» être ainsi assoifé de toutes parts ? Quelle est la cause de tes maux ?
» Est-ce ton peu de religion ou ton mépris des défenses divines ?
» Non, c'est la discorde qui divise tes cœurs. Si les cœurs s'enten-
» daient, tes vallées seraient remplies comme des mers. »

ALGER. — TYPOGRAPHIE ADOLPHE JOURDAN.

www.ingramcontent.com/pod-product-compliance
Lightning Source LLC
Chambersburg PA
CBHW070916280326
41934CB00008B/1740